film als hobby

Jan Thilo Haux
Max Rendez

film als hobby

Schiele & Schön

Zu diesem Buch

Man muß es den Fernsehleuten in Hamburg hoch anrechnen, daß sie bei der Programmgestaltung nicht den Filmamateur vergessen haben; denn obwohl es in Deutschland viele Filmclubs in vielen Städten gibt, sind sie doch nur — gemessen an der Gesamtzahl der Schmalfilmer — ein Tropfen auf einen heißen Stein. Das will besagen: Die große Mehrzahl unseres Metiers arbeitet einsam und allein für sich, hat so gut wie keinen Kontakt mit anderen Amateuren und kann daher nur sehr schwer neues Fachwissen erwerben. Allen diesen filmischen Einsiedlern hilft die Sendereihe „film als hobby".
Sie wird betreut von Jan-Thilo Haux, dem Chefkameramann des Norddeutschen Rundfunks, der in Max Rendez einen Mitarbeiter gefunden hat, der genau weiß, wo den Hobbyfilmer die Sorgen drücken. Eine sehr hohe Seherbeteiligung und eine ausgedehnte Korrespondenz sind ein deutlicher Beweis für die Wertschätzung dieser Sendung.
Jede Sendung bringt als Demonstrationsbeispiele typische, interessante, einfallsreiche Amateurfilme und dazu technische Tips und Ratschläge in weitgefächertem Betrachtungswinkel. Und vor allen Dingen diese technischen Tips sind es, um die es in den Briefen und Telefonaten der Amateure geht; denn eine Fernseh-Sendung ist schnell vorbei, und wenn man hinterher nicht sehr bald zum Schreibstift greift, vergißt man so manches wieder, das man sich eigentlich genau merken wollte, damit die eigenen Filme besser und immer besser werden.
Hier soll nun dieses Büchlein helfen, das die beiden Betreuer der Sendereihe „film als hobby" geschrieben haben, damit man schwarz auf weiß besitzt, was einen Fachmann vom Laien unterscheidet, und damit man jederzeit nachschlagen kann, wenn man wieder einmal an ein Problem gekommen ist, bei dem man von allein nicht weiter weiß. Nachdem die erste Auflage dieses Buches in kurzer Zeit vergriffen war, ist zu erwarten, daß der Erfolg von „film als hobby" auch in Buchform anhält.

Hellmuth Lange

Lieber Filmamateur,

dieses Taschenbüchlein sei Ihnen ein Leitfaden, nehmen Sie es mit zu den Aufnahmen. Seine Aufgabe soll nicht sein, alle Gebiete des Amateurfilmes bis in einzelne Details zu erläutern. Dafür gibt es umfassende Lehr- und Handbücher. Hier finden Sie in kurzer und knapper Form Notizen, Informationen und Ratschläge, um das nachschlagen zu können, was Sie gerade wissen wollen.

Ihre
Jan Thilo Haux
Max Rendez

Fotos: Jan Thilo Haux, Max Rendez
Grafik: Helmut Foelz, Peter Petersen
22. − 32. Tausend
ISBN 3 7949 0248 3
© 1975 Fachverlag Schiele & Schön GmbH
1 Berlin 61, Markgrafenstraße 11
Alle Rechte vorbehalten
Druck: Heenemann KG, Berlin
Printed in Germany

Inhaltsübersicht

Tabellen-Übersicht

Kamera

Die technische Ausstattung einer Filmkamera bestimmt ihren Preis und ihre Leistungsfähigkeit. Die folgende Übersicht soll Ihnen zeigen, was Sie von einer Kamera erwarten dürfen.

Untere Preisklasse

Technische Ausstattung:
Fixfocus-Objektiv mit Vorsatzlinsen; kein Parallaxenausgleich, einfacher Durchsichtssucher; automatische und nichtautomatische Blendensteuerung bei Lichtmessung durch ein Meßauge über oder unter dem Objektiv; eine Aufnahmegeschwindigkeit; motorischer Batterieantrieb; Filmzählwerk; eingebaute Konversionsfilter; Begrenzungsmarken für Über- und Unterbelichtungen.

Mittlere Preisklasse

Technische Ausstattung:
Fixfocus-Objektive mit Vorsatzlinsen; Fest-Objektive mit Entfernungseinstellung; Wechselobjektive; Varioobjektive bis zu einem Brennweitenverhältnis von 1 : 4; halb- und vollautomatische Blendensteuerung bei Lichtmessung durch ein Meßauge oder durch das Objektiv; Vollautomatik auch umschaltbar auf Handsteuerung; Reflexsucher mit und ohne Schnittbildentfernungsmesser; motorischer Batterieantrieb — auch für Zoom-(Vario)-Objektiv; Einzelbildschaltung; verschiedene Ganggeschwindigkeiten; eingebaute Konversionsfilter; Filmzählwerk; eingespiegelte Blendenwerte; Begrenzungsmarke und Warnsignal für Über- und Unterbelichtung.

Technische Ausstattung:
Festobjektive mit Entfernungseinstellung; Wechselobjektive mit Adapter für Objektive anderer Systeme;
Weitwinkel- und Televorsatzlinsen auch für Vario-
Objektive; Vario-(Zoom)-Objektive bis zu einem Brennweitenverhältnis von 1 : 10; motorische Zoombedie-
nung; Lichtmessung durchs Objektiv; Blendenautomatik
und Handsteuerung; Sektorenblende; Einzelbildschaltung mit Zählwerk und Zeitautomatik; Rückrollvorrichtung; Anschluß für Leuchten; eingespiegelte Blendenwerte; Reflexsucher mit Schnittbildentfernungsmesser oder Mattscheibe; motorischer Antrieb; verän-
derliche Ganggeschwindigkeit; stufenlose Schaltung
von 2—64 Bilder/Sek.; Fernbedienung; Kompendium;
Impulsgeber für synchrone Bild- und Tonaufnahmen;
eingebaute Filter; Filmzählwerk; Warnsignal für Über-
und Unterbelichtung; Einrichtung für Macro-Aufnahmen;
aufladbare Akkumulatoren für den Antrieb.

Filmformate

	8 mm	Super 8	9,5 mm	16 mm
Bildgrösse mm	4,8x 3,6	5,6 x 4,2	8,5 x 6,5	10,4 x 7,5
Bildfläche mm^2	17,28	23,52	55,25	78,00
Vergrösserung auf 1,20m	75 000-fach	51 000-fach	21 700-fach	15 384-fach
Laufzeit 1m	16 sec.	12 sec.	8,3sec.	8,2sec.
Laufzeit 100m	27 Min.	20 Min.	14 Min.	14 Min.

Die zur Verfügung stehenden Mittel und Ihre Auswertungs-
wünsche sind entscheidend für die Wahl des Filmformates.
Wer seine Filme sehr häufig einem großen Zuschauerkreis
zugänglich machen will, wird das 16 mm Format wählen. Für
die Heimvorführung ist das 8 mm- und das Super-8 mm-Format
völlig ausreichend.

Ratschläge und Notizen

Stativbeine aus offenem Profil lassen sich selbst bei
Versandung noch zusammenschieben und leichter reinigen.

Bei Durchführung eines größeren Filmvorhabens kleine
Werkzeugtasche mit tiefschwarzem Klebeband zum Ab-
decken schadhafter Kamerateile, Klebstoff, Reinigungs-
papier für Linsen, Lederläppchen, stumpfe Pincette
zum Entfernen von Filmresten bei Filmsalat und kleine
Schraubenzieher mitführen.

Schutz für die Kamera bei Regen oder Schnee: Regen-
schirm — Plastikbeutel mit Loch für Objektiv und
Sucher — gleichzeitig guter Schutz am Strand bei Wind
und Staubaufwirbelungen, auf See gegen Sprühgischt.
Die Plastikhülle läßt sich mit dem Schraubgewinde der
Sonnenblende oder Klebband am Objektiv befestigen.
Kameras sollten grundsätzlich nicht geölt werden. Wenn
die Kamera längere Zeit nicht benutzt wird, Batterien
herausnehmen, da sie sonst auslaufen. Batterien kann
man bei Kälte durch Körperwärme betriebsklar halten,
z. B. unter dem Mantel oder in der Tasche.

Filmmaterial und Belichtung

Die z. Z. gebräuchlichsten Filmformate und ihre
Konfektionierung sind:

Doppel-8	schwarz-weiß	— Tageslichtspule
Umkehrfilm	Farbe-Kunstlicht	— Tageslichtspule
	Farbe-Tageslicht	— Tageslichtspule

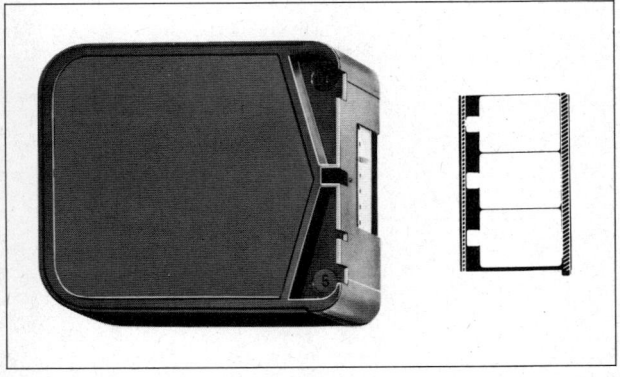

| Super-8 | schwarz-weiß | — Kassette |
| Umkehrfilm | Farbe-Kunstlicht | — Kassette |

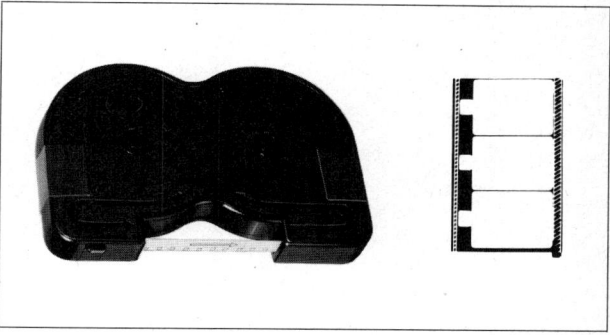

Single-8	schwarz-weiß	—	Kassette
Umkehrfilm	Farbe-Kunstlicht	—	Kassette
	Farbe-Tageslicht	—	Kassette

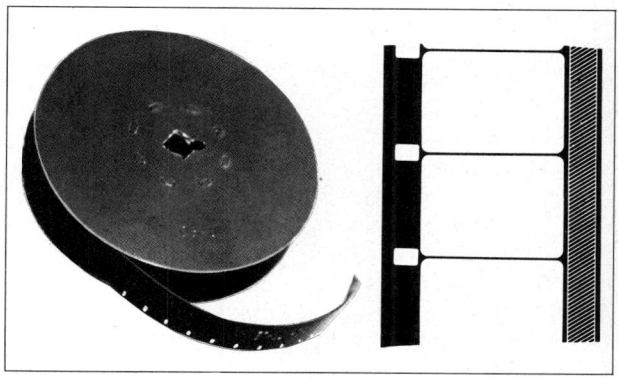

16 mm	schwarz-weiß	—	Tageslichtspule
Umkehrfilm			Spezialkassette
	Farbe-Kunstlicht	—	Tageslichtspule
			Spezialkassette
	Farbe-Tageslicht	—	Tageslichtspule
			Spezialkassette

Filmempfindlichkeit

Die Empfindlichkeitsangabe in DIN oder ASA und das Verfalldatum sind außen auf der Verpackung vermerkt.

Vergleichstabelle DIN — ASA

DIN	11	12	13	14	15	16	17	18	19
ASA	10	12	16	20	25	32	40	50	64

DIN	20	21	22	23	24	25	26	27
ASA	80	100	125	160	200	250	320	400

Die gebräuchlichsten Super 8 Filme haben eine Empfindlichkeit von 17°—18° DIN bei Aufnahmen mit Kunstlicht und eine durch das (teilweise automatisch einspringend) Konversionsfilter verminderte Empfindlichkeit von 15°—16° DIN je nach Filmfabrikat.

Super 8 Kassetten regeln die Empfindlichkeitseinstellung des Lichtmessers in der Kamera beim Einlegen der Kassette in die Aufnahmekamera selbsttätig.

Die gebräuchlichsten Doppel 8 und 16 mm Filme haben eine Empfindlichkeit von 15° und 23° DIN beim Tageslichttyp und

17° und 22° DIN beim Kunstlichttyp der Farbumkehrfilme.

Je niedriger die Empfindlichkeit eines Filmes, desto feiner sein Korn und desto schärfer sind seine Bilder.

Filme mit einer Empfindlichkeit von 15°—18° DIN sind unter normalen Tageslichtbedingungen und bei Verwendung handelsüblicher Kunstlichtleuchten universell verwendbar. (Empfehlungen für Korrekturen der Lichtmesser bei bestimmten Aufnahmeverhältnissen siehe B e l i c h t u n g.)

Die hochempfindlichen Farbfilme ermöglichen Aufnahmen unter schlechten Lichtverhältnissen (z. B. Reise — Reportage), bei Zeitlupe oder Flutlicht im Sport, in der Nacht mit sparsamer Kunstlichtbeleuchtung oder in Innenräumen mit schwierigen Aufhellungsmöglichkeiten.

Bilderzahl auf 1 m Film

1 m Film = 131 Einzelbilder bei 16 mm
1 m Film = 262 Einzelbilder bei 8 mm
1 m Film = 232 Einzelbilder bei Super 8 (Single 8)

Laufzeiten-Tabelle

		16 mm	8 mm	Super-8
16 Bilder/Sek.	1 m	8,2 Sek.	16,4 Sek.	
	15 m	2 Min. 3 Sek.	4 Min. 6 Sek.	
	30 m	4 Min. 6 Sek.	8 Min. 12 Sek.	außer Norm
	60 m	8 Min. 12 Sek.	16 Min. 23 Sek.	
	120 m	16 Min. 23 Sek.	32 Min. 45 Sek.	
18 Bilder/Sek.	1 m	7,3 Sek.	14,5 Sek.	13 Sek.
	15 m	1 Min. 49,5 Sek.	3 Min. 39 Sek.	3 Min. 16 Sek.
	30 m	3 Min. 39 Sek.	7 Min. 17 Sek.	6 Min. 32 Sek.
	60 m	7 Min. 18 Sek.	14 Min. 34 Sek.	13 Min. 4 Sek.
	120 m	14 Min. 36 Sek.	29 Min. 7 Sek.	26 Min. 13 Sek.
24 Bilder/Sek.	1 m	5,5 Sek.	11 Sek.	10 Sek.
	15 m	1 Min. 22 Sek.	2 Min. 44 Sek.	2 Min. 27 Sek.
	30 m	2 Min. 44 Sek.	5 Min. 28 Sek.	4 Min. 54 Sek.
	60 m	5 Min. 28 Sek.	10 Min. 55 Sek.	9 Min. 49 Sek.
	120 m	10 Min. 55 Sek.	21 Min. 50 Sek.	19 Min. 39 Sek.

Ratschläge und Notizen

Film nicht in direktem Sonnenlicht oder großer Helligkeit, sondern in Schatten oder unter Abdeckung einlegen.

Feuchte und salzhaltige Luft (an der See) ist schädlich, Aufbewahrung in gut verschlossenen Behältern.

Den Film nicht praller Sonne oder starker Wärme aussetzen; es kann sich Schwitzfeuchtigkeit bilden, er klebt dann.

Wird unbelichteter Film gelagert, soll die Temperatur bei längerer Aufbewahrung +13 Grad nicht überschreiten (Kühlschrank). Bei Entnahme den Film der Außentemperatur anpassen, dann erst öffnen. Belichteten Film möglichst schnell zur Entwicklung geben, sonst nicht über +15 Grad lagern; zu hohe Wärme und zu hohe Feuchtigkeit sind für Farbbilder besonders gefährlich.

Belichtung

Die richtige Belichtung hängt von einer genauen Abstimmung der Filmempfindlichkeit, der Blende und der Aufnahmegeschwindigkeit (Bilder pro Sekunde) ab.

Die Messung des Lichts kann erfolgen durch:

1. die Automatik
2. die Halbautomatik
3. einen fotoelektrischen Belichtungsmesser mit Übertragung des Meßwertes auf das Objektiv.

Die Automatik

Test der Automatik (vgl. hierzu auch Seite 18)
Belichtungsreihe an **einem** Motiv filmen, und zwar

1. mit flachem Auflicht
2. mit flachem Seitenlicht
3. mit steilem Seitenlicht
4. im Gegenlicht

und von jeder Einstellung (1—4) drei kurze Aufnahmen machen: a) nach Belichtungsanzeige der Automatik, b) um eine Blende geöffnet und c) um eine Blende geschlossen. Protokoll führen und nach Entwicklung auswerten. Entsprechenden Vermerk machen, daß z. B. 1 oder 2 DIN von der angegebenen Filmempfindlichkeit abgewichen werden muß, oder Blendenkorrektur vorzunehmen ist.

Die Automatik irrt und muß korrigiert werden, z. B. wenn die Kamera im Schatten steht, nach draußen durch ein Fenster oder einen Torbogen blickt, mehr dunkle als helle Partien im Bild sind, Personen vor hellen Flächen stehen. Die vollautomatische Steuerung der Blende kann durch Knopfdruck oder Schalter bei verschiedenen Kameras an jeder Stelle angehalten oder ausgeschaltet werden. Bei Kameras mit äußerem Meßauge kann die Blende durch Vorsetzen von Graufiltern nur vor dem Meßauge (Blende mehr öffnen) oder nur vor dem Objektiv (Blende mehr schließen) korrigiert werden.

Die halbautomatische Lichtmessung

Einige Kameras der gehobenen Preisklasse haben die Möglichkeit zur halbautomatischen Lichtmessung. Durch Testmessungen, wie bei der Automatik, muß herausgefunden werden, ob die Zeigerstellung vor der Meßmarke, auf der Meßmarke oder hinter der Meßmarke das optimale Ergebnis bringt.

Bei Schwenks oder Fahraufnahmen vorsichtig den Zeiger nachführen, d. h. auf der herausgefundenen optimalen Stellung halten.

Bei Lichtmessung durch das Objektiv kann mit dem Zoom (Gummilinse) die hellste und dunkelste Partie des Motivs ausgemessen und ein Mittelwert eingestellt werden.

Kameras mit Nachführzeiger werden kaum noch gebaut. Bei Super-8-Kameras erfolgt DIN-Einstellung automatisch durch Einlegen der Kassette. Blendenkorrektur ist nur durch manuelle Einstellung möglich.

Lichtmessung mit einem fotoelektrischen Belichtungsmesser und Übertragung des Meßwertes auf das Objektiv

Nahmessung: ca. 20 cm Entfernung gibt den genauesten Blendenwert. Ersatzmessung: in der Nähe eine Fläche messen, die der Helligkeit des Hauptmotivs entspricht. Diese Messungen können ebenfalls mit eingebautem Belichtungsmesser (Voll- und Halbautomatik) vorgenommen werden. Grundsätzlich Lichtmesser ca. 10—20 Grad schräg zur Erde neigen, darauf achten, daß kein direktes Sonnenlicht auf die Meßfläche fällt (mit der Hand abschirmen).

Möglichkeiten der Belichtungsregelung

Veränderung der Blende
Veränderung der Bildgeschwindigkeit für Effekte wie Zeitlupe und Zeitraffer
Veränderung des Sektors für verkürzte Belichtungszeit des Einzelbildes, bei gleichbleibender Bildgeschwindigkeit.

Blendenkorrektur bei automatischer Kamera

Blende schließen — Kamera in den Himmel halten bis Zeiger gewünschten Wert anzeigt — dann festsetzen. Wenn kein Himmel anvisiert werden kann, durch Einspiegelung der Sonne, des Himmels oder mit einer Taschenlampe den gleichen Effekt erzielen.

Blende öffnen — Hand, Gaze oder Graufilter vor den Belichtungsmesser oder das Objektiv halten, bis Zeiger den gewünschten Wert anzeigt, dann festsetzen.

Bei Verwendung eines neutralen Graufilters werden Kontraste gemildert und Farben pastelliger. Filter auch vor das Meßauge des Lichtmessers setzen oder die DIN-Einstellung verändern.

Die Sektorenblende erlaubt eine Verkürzung oder Verlängerung der Belichtungszeit, ohne daß die Aufnahmegeschwindigkeit oder die Objektivblende verändert werden müssen. Wichtig für: Beibehaltung eines bestimmten Tiefenschärfenbereiches, Ausnutzung der optimalen Schärfe bei einer bestimmten Blendenöffnung, für Auf-, Ab- und Überblendungen, und um bei Aufnahmen von schnell bewegten Objekten eine größere Konturenschärfe zu erreichen.

Die Belichtungszeit für die veränderte Sektorenöffnung errechnet sich wie folgt:

$$\frac{1}{\text{Vollkreis (360 Grad) : Sektorenöffnung x Bilder/Sek.}}$$

z. Beispiel:

$$\frac{1}{(360 : 180) \times 18} = \frac{1}{2 \times 18} = \frac{1}{36}$$

Sektorenöffnung: So schließt sich die VS-Blende zu einer eleganten Abblendung

18

Korrekturen der Lichtmessung

1. Blende, Geschwindigkeit oder Sektor verändern, Graufilter vorsetzen
2. DIN- oder ASA-Zahl verändern
3. Kamerastandpunkt verändern

Anpassung der Blende an die Filmgeschwindigkeit

Wenn Sie die Aufnahmegeschwindigkeit verändern (Zeitraffer oder Zeitlupe), dann gibt Ihnen die folgende Tabelle — quergelesen — den neuen, richtigen Blendenwert an.

| Bilder pro Sek. | 8 | 18 | 24 | 32 | 48 | 64 |
Belichtungszeit ca.	$1/16$	$1/36$	$1/48$	$1/64$	$1/96$	$1/128$
	2,8	2	1,7	1,4	—	—
	3,5	2,5	2	1,7	1,4	—
	4	2,8	2,4	2	1,7	1,4
	5,6	4	3,5	2,8	2,4	2
	8	5,6	4,5	4	3,5	2,8
	11	8	6,5	5,6	4,5	4
	16	11	9	8	6,5	5,6
	22	16	14	11	9	8

Die Belichtungszeit von 1 Bild ist je nach Kameramodell ca. $1/32$–$1/35$. Sek. bei normaler Ganggeschwindigkeit.

Bei $2/3$ Licht und $1/3$ Schatten

Offene Schatten: auf die Lichter messen
Überdeckte Schatten: Messung auf die Lichter und Blende um $1/3$–$2/3$ öffnen oder 1–2 DIN vor der Messung abziehen.

Bei $1/2$ Licht und $1/2$ Schatten

Offene Schatten: auf die Lichter messen, $1/2$–$2/3$ öffnen oder 2 DIN vor der Messung abziehen.
Überdeckte Schatten: auf die Lichter messen, um 1–$1\frac{1}{2}$ Blenden öffnen oder vor der Messung 3–4 DIN abziehen (Säulen, Kreuzgänge usw.)

Bei $^1/_3$ Licht und $^2/_3$ Schatten

Offene Schatten: auf die Lichter messen, $^1/_2$—1 Blende öffnen oder vor Messung 2—3 DIN abziehen.

Überdeckte Schatten: auf die Lichter messen, $1^1/_2$—2 Blenden öffnen oder vor der Messung 4—6 DIN abziehen.

Motivbeispiele

	Blende öffnen	DIN abziehen
Sonnige Schnee- oder Eislandschaft, Sand, Wüste, Strand oder Wasserfälle	$^1/_2$—1	2—3
Weite sonnige Schnee-Gletscherlandschaft im Hochgebirge, besonders im Sommer und Frühling	1—$1^1/_2$	3—5
Verschleierte Sonne, leichter Nebel, Dunst	$^1/_2$—$^2/_3$	1—2
Hoher bedeckter Himmel, Nebel mittlere Dichte	$^2/_3$—1	2—3
Schneefall, Regenwetter, dichter Nebel	1—$1^1/_2$	3—4 (5)
Nahe Objekte mit Teleobjektiv	$^1/_2$—$^2/_3$	1—2
Dunkle Objekte vor hellem Hintergrund	$^1/_2$	1—2
Zoom oder Gummilinse, wenn Lichtmessung nicht durchs Objektiv, sondern außen oder mit Belichtungsmesser erfolgt		
bei Sucherausspiegelung	$^2/_3$	2
ohne Sucherausspiegelung	$^1/_2$	1

| | Doppelbelichtung | je Belichtung $\frac{1}{2}-1$ Blende unterbelichten, da eine Summierung erfolgt. |

Doppelbelichtung — je Belichtung $\frac{1}{2}-1$ Blende unterbelichten, da eine Summierung erfolgt.

	Blende schließen	DIN hinzuzählen
Reine Fernsicht mit Tele	$\frac{1}{3}-\frac{1}{2}$	1—2
Helle Objekte vor großflächigem Hintergrund	$\frac{1}{2}$	2
Sehr dunkle Motive, z. B. Dämmerungsaufnahmen	$\frac{1}{2}-1$	2—3
Betonung starker Stimmungen	$\frac{1}{2}-1$	2—3
Gewitter	$\frac{1}{2}-1$	2—3

Belichtung und Farbe

Richtige Belichtung	= Farbtöne normal gesättigt
ca. $\frac{1}{2}$ Blende überbelichten	= zarte duftige Pastellfarben
ca. 1 Blende überbelichten	= zu helle, dünne Farben
ca. $\frac{1}{2}$ Blende unterbelichten	= kräftige, satte Farben (Ölfarbencharakter)
ca. 1 Blende unterbelichten	= zu dunkle, schwarze Farben; Schatten, ohne Zeichnung

Ein zu knapp belichteter Film wirkt in der Projektion immer noch besser als ein zu reichlich belichteter Film.

Filter

Filter für Schwarz-Weiß-Filme

Gelbfilter

Das am häufigsten verwendete Filter bei allen Außenaufnahmen. Blauer Himmel wird dunkler, weiße Wolken
treten deutlicher hervor, und Schneeaufnahmen werden
brillanter. Es gibt ein helles und ein mittleres Gelbfilter.
Die Wirkung des mittleren Gelbfilters ist etwas stärker.
Verlängerungsfaktor:

leicht: Blende um $^1/_2$ Stufe öffnen 2 DIN
mittel: Blende um 1 Stufe öffnen 3 DIN

Gelbgrünfilter

Verschiedenfarbiges Grün bei Landschaftsaufnahmen
wird besser voneinander getrennt. Man verwendet
dieses Filter im Frühling und im Sommer. Laub vor
blauem Himmel hebt sich heller ab. Verlängerungsfaktor: Blende um 1 Stufe öffnen 3 DIN

Orangefilter

Kontrastfilter für Wolken und Fernaufnahmen, in der
Wirkung noch stärker als ein Gelbfilter. Seestrand
wird fast weiß, blauer Himmel sehr dunkel abgebildet.
Bei Fernaufnahmen wird der atmosphärische Dunst
verringert. Verlängerungsfaktor: Blende um $1^1/_2$ Stufen
öffnen 4—5 DIN

Rotfilter

Rote Gegenstände, z. B. Dächer, erscheinen weiß; Mond-
scheineffekt — Gewitterstimmungen lassen sich vortäuschen. Bei Fernaufnahmen wird der atmosphärische
Dunst fast ausgeschaltet. Verlängerungsfaktor: Blende
um 3 Stufen öffnen 9 DIN

Blaufilter

Ein Filter, das vorwiegend bei Kunstlicht (Portrait-
aufnahmen) verwendet wird. Bewirkt z. B. die tonwert-
richtige Wiedergabe roter Lippen. Bei Nebelaufnahmen
wird die typische Nebelstimmung verstärkt. Verlängerungsfaktor: Blende um $1^1/_2$ Stufen öffnen 4—5 DIN

Filter zur Korrektur von Farbfilmen

Kunstlichtfilm — Tageslicht
Tageslichtfilm — Kunstlicht

Photofloodfilter

(bläulich): Ausgleichsfilter für Kunstlichtaufnahmen auf
Farb-Tageslichtfilm. Ohne diese Filter erhalten die
Aufnahmen bei normalem Lampenlicht einen Gelb- oder
Rotstich. Verlängerungsfaktor: Blende um 1 Stufe
öffnen 2—3 DIN

Daylightfilter

(rötlich): Ausgleichsfilter für Aufnahmen bei Tageslicht auf Kunstlicht-Farbfilm. Aufnahmen auf Kunstlichtfilm ohne dieses Filter werden blaustichig. Verlängerungsfaktor: Blende um $^1/_2$ Stufe öffnen 2 DIN

Für Schwarz-weiß- und Farbfilme

Graufilter

1 Blende   3 DIN
2 Blenden 6 DIN
3 Blenden 9 DIN

Skylightfilter

Dunstfilter für Farb-Tageslichtfilm, dämpft starkes Himmelblau; eignet sich für alle Außenaufnahmen, vor allem für Fernsichten, See- und Schneeaufnahmen. Ist auch ein gutes UV-Filter. Verlängerungsfaktor: 0 (Blendeneinstellung unverändert).

UV-Filter

Schutzfilter bei starker Ultraviolettstrahlung im Hochgebirge (über 2000 m) oder an der See. Hat man bereits ein Gelb-, Gelbgrün-, Orange- oder Rotfilter vorgeschaltet, ist kein UV-Filter notwendig. Verlängerungsfaktor: 0 (Blendeneinstellung unverändert).

Polarisationsfilter

Reflexe spiegelnder Flächen werden ausgeschaltet. Bei Farbaufnahmen wird Himmelblau dunkler. Doppelpolarisationsfilter: kann durch ein Verdrehen der Scheiben gegeneinander Auf- oder Abblendeeffekt hervorrufen. Blendenkorrektur entsprechend der Angabe auf den Filtern.

ohne Filter   mit B + W-Filter KR 1,5

ohne Filter   mit B + W-Polfilter

ohne Filter   mit Konversionsfilter KR 12

Farbkreis (siehe Seite 46)

Kameraführung

Zitternde und tanzende Bilder auf der Leinwand verwirren, ermüden, lenken ab und stören. Deshalb die Kamera so ruhig wie möglich in der Hand führen, Teleaufnahmen nur vom Stativ machen oder Objektiv auflegen.

Ratschläge

Kameraführung aus der Hand

Kameraführung aus der ruhigen Hand — breitbeinig, fest stehen!

Kamera mit beiden Händen festhalten

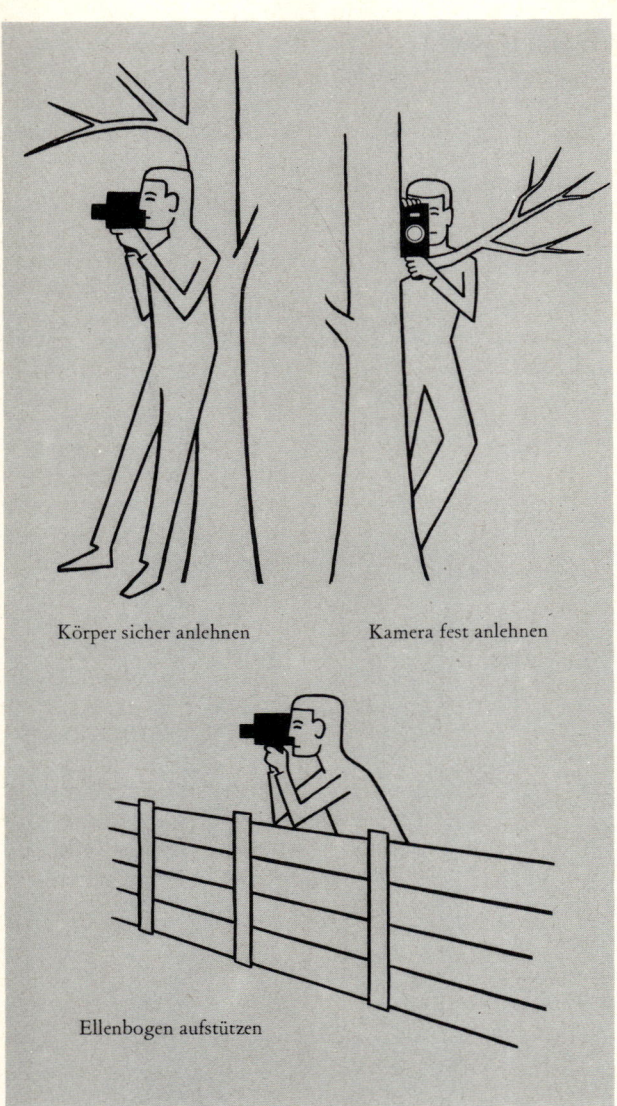

Körper sicher anlehnen

Kamera fest anlehnen

Ellenbogen aufstützen

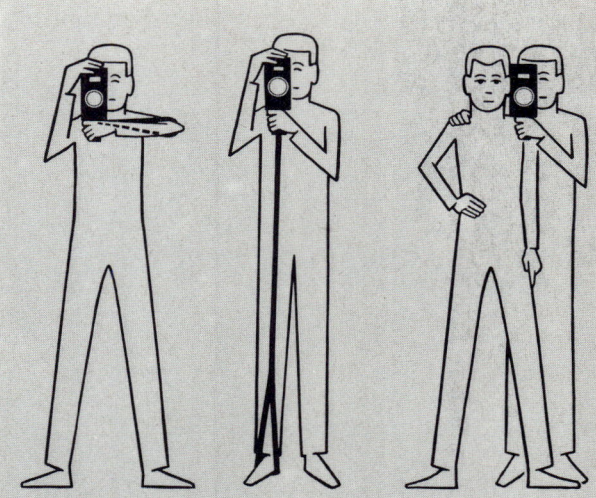

Fuß in der Schnurschlaufe
stramm ziehen

Trageschlaufe über den Arm
ziehen

Kamera fest auflegen

Kameraführung mit einem Hilfsstativ

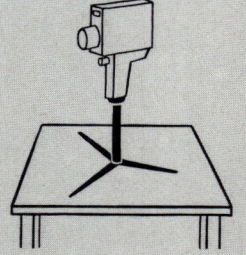

Taschenstativ

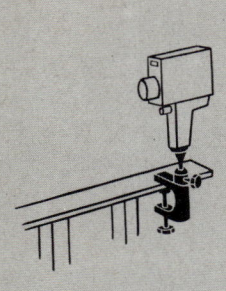

Klemmstativ

Schulterstativ

Skistöcke

Einbeinstativ

Der Fotokäfer ist ein vielseitig verwendbares Gerät

Kameraführung mit normalem Stativ

Panorama-Schwenkkopf mit Motor

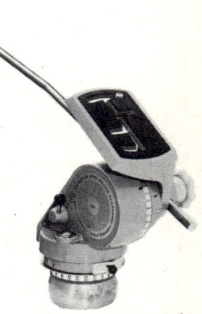

Stativ mit Kreiselkopf für Panoramaschwenks

Fahraufnahmen

Nicht die Kamera, sondern die Dinge vor der Kamera sollten sich bewegen. Kamerabewegungen müssen immer durch eine Aktion ausgelöst sein. Z. B. Verfolgung eines bewegten Objektes — Autofahrt — Eisenbahnfahrt — Person blickt über eine Landschaft (Schwenk) — Gang um ein Denkmal — zugehen auf eine Person oder einen Gegenstand.

Die Bewegung der Kamera ist ein akzentstarker Effekt.

Echte Fahrt	Zoom oder Gummilinsenfahrt
bessere Plastik durch ständige Veränderung der Größenverhältnisse zwischen Vordergrund und Hintergrund	Größenverhältnisse bleiben gleich, keine so gute Plastik, außer bei bewegten Objekten.

Verwendung des Vario-Objektives hauptsächlich zur schnelleren Bestimmung des Bildausschnittes, zum Setzen bestimmter Effekte und für Pseudofahrten. Die folgenden Abbildungen zeigen einige Vorschläge für Fahraufnahmen.

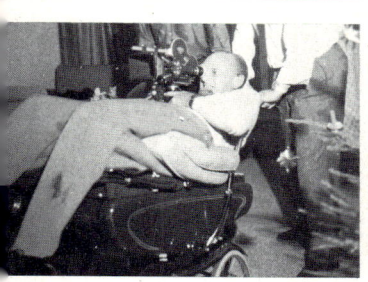

Schwenken

Vor dem Anfang und nach dem Ende eines Schwenks die Kamera ca. 2—3 Sek. stehen lassen.
Keinen Schwenk in der Bewegung abbrechen.
Schwenks von links nach rechts erleichtern das Lesen von Schriften.
Erhöhte Aufnahmegeschwindigkeit macht den Schwenk ruhiger.
In **einer** Einstellung nur in **einer** Richtung schwenken, ausgenommen beim Verfolgen von Objekten.
Schwenks gegen die Bewegungsrichtung des Motives verzittern.

Horizontale Schwenkgeschwindigkeit
für einen flimmerfreien Schwenk

Brennweite	$1/_8$ Kreis	$1/_4$ Kreis	$1/_2$ Kreis
Weitwinkel	7 Sek.	20 Sek.	50 Sek.
Normalobjektiv	10 Sek.	30 Sek.	80 Sek.
2fach Tele	15 Sek.	40 Sek.	100 Sek.
3fach Tele	25 Sek.	60 Sek.	150 Sek.
4fach Tele	40 Sek.	90 Sek.	
10fach Tele	90 Sek.		

Vertikale Schwenkgeschwindigkeit
für einen flimmerfreien Schwenk

Brennweite	25°	50°	75°
Weitwinkel	2 Sek.	5 Sek.	10 Sek.
Normalobjektiv	3 Sek.	7 Sek.	20 Sek.
2fach Tele	6 Sek.	14 Sek.	40 Sek.
3fach Tele	9 Sek.	21 Sek.	60 Sek.
4fach Tele	10 Sek.	25 Sek.	70 Sek.

Der Verfolgungsschwenk

Wird ein bewegtes Motiv mit der Kamera verfolgt, so sollte das Motiv einen festen Platz im Bildausschnitt behalten, es darf sich selbst weder vorwärts oder rückwärts im Bildausschnitt bewegen. Der Platz des bewegten Hauptmotives im Bildausschnitt richtet sich nach:

1. Worauf bewegt sich das Motiv zu oder wohin bewegt es sich, z. B. Schwenkbewegung nach rechts = Motiv an **linker** Bildkante.

2. Was verursacht das bewegte Motiv oder woher kommt es, z. B. Schwenkbewegung nach rechts = Motiv an **rechter** Bildkante.

3. Soll das Motiv selbst in seiner Bewegung Hauptblickpunkt sein, so muß es **mitten** im Bildausschnitt sitzen.

Ratschläge und Notizen

Für horizontale Schwenks Kreisel oder motorisch angetriebenen Schwenkkopf (siehe Abbildung auf Seite 29); für vertikale Schwenks nur Kreisel benutzen. Normaler Schwenkkopf gleitet besser, wenn etwas Öl verwendet wird.

Objektive

Wenn Sie die Güte Ihres Kameraobjektives bezüglich der Auflösung prüfen möchten, dann empfehlen wir Ihnen, den nebenstehenden Siemens-Stern mit offener Blende und mit Blende 5,6 abzufilmen. Je feiner die Linien noch voneinander getrennt werden, desto schärfer zeichnet das Objektiv.

> Bestes Auflösungsvermögen, d. h. beste Schärfe lassen sich mit fast allen Objektiven bei Verwendung der Blenden 4, 5,6, 8 erzielen. Wenn die Helligkeit zu groß ist, neutrales Graufilter vorsetzen.

Bei Lichtmessung außerhalb des Objektives muß das Meßauge ebenfalls mit einem Graufilter versehen oder die DIN-Einstellung entsprechend dem Faktor des Graufilters verändert werden.

Blendenreihe:

$$0,9 - 1,4 - 2 - 2,8 - 4 - 5,6 - 8 - 11 - 22$$

Die Blendenreihe ist so abgestuft, daß von Stufe zu Stufe beim Abblenden jeweils die einfallende Lichtmenge halbiert und beim Aufblenden verdoppelt wird.

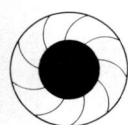

Große Blende
= kleine Blendenzahl (z. B. 2)
= große Öffnung
= große Lichtstärke
= keine Schärfentiefe

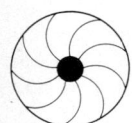

Kleine Blende
= große Blendenzahl (z. B. 11)
= kleine Öffnung
= kleine Lichtstärke
= große Schärfentiefe

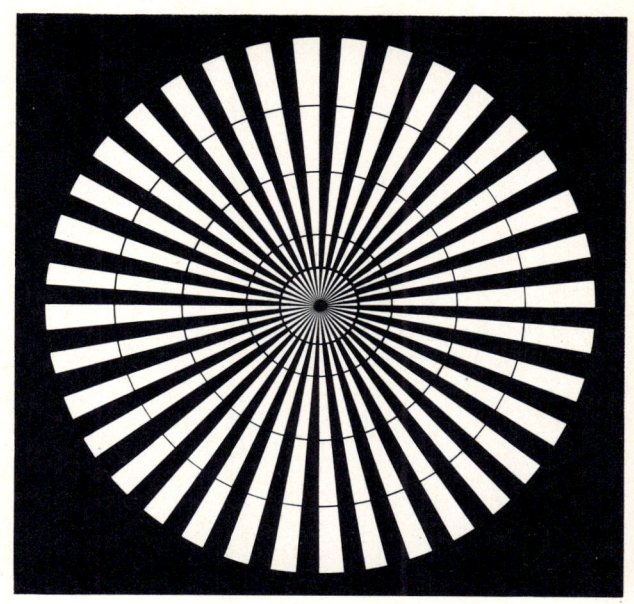

Siemensstern

Fix-Focus Objektive

Blende	Schärfenbereich	
1,4 — 1,8	ab 3 m	— unendlich
2 — 2,8	ab 2,50 m	— unendlich
4 —	ab 2 m	— unendlich
5,6 —	ab 1,50 m	— unendlich
8 —	ab 1,30 m	— unendlich
11	ab 1 m	— unendlich
16	ab 0,75 m	— unendlich
22	ab 0,50 m	— unendlich

Es gibt Vorsatzlinsen für Nahbereiche bis 15 cm, Tele und Weitwinkel.

Brennweiten

Brenn-weiten	8 mm	Single-8 Super-8	16 mm
6,5 mm	Weitwinkel	Weitwinkel	extrem Weitwinkel
7,5 mm	Weitwinkel	Weitwinkel	
8 mm	schwacher Weitwinkel		
9 mm		schwacher Weitwinkel	Weitwinkel
15,5 mm	Normalobjektiv		schwacher Weitwinkel
14 bis 18 mm	langes Normalobjektiv	Normalobjektiv	
25 mm	2fach Tele	langes Normalobjektiv	Normal-objektiv
36 mm	3fach Tele	2fach Tele	langes Normalobjektiv
40 mm	4fach Tele		langes Normalobjektiv
48 mm		3fach Tele	2fach Tele
56 mm		4fach Tele	
60 mm		Macro-Tele	
75 mm	Macro-Tele	Fernbild-Linse	3fach Tele

Brenn-weiten	8 mm	Single-8 Super-8	16 mm
100 mm	Fernbild-Linse	Fernbild-Linse	4fach Tele
über 100 mm	Fernbild-Linse extrem Tele	Fernbild-Linse extrem	Fernbild-Linse extrem Tele

Brennweitenbereiche von Zoom oder Vario-Objektiven (Gummilinsen)

Die folgende Tabelle soll Ihnen einen Überblick darüber geben, welchen Bereich das Zoom oder Vario-Objektiv Ihrer Kamera (von der kürzesten zur längsten Brennweite) für bestimmte Ansprüche haben sollte.

für einfache Ansprüche	$1 : 2$
für größere Ansprüche	$1 : 3 - 1 : 6$
für gehobene Ansprüche	$1 : 7 - 1 : 9$
für höchste Ansprüche ab	$1 : 10$

Motorgetriebene Gummilinse = ruckfreie Fahrten.

Wirkungen der Brennweiten

Weitwinkel

Große Tiefenschärfe; Betonung der Raumtiefe; Beschleunigung von Bewegungen parallel zur optischen Achse; Verzerrungen der Perspektive, z. B. sehr großer Vordergrund, sehr kleiner Hintergrund; weist stürzende Linien an den Bildrändern auf.

Extremer Weitwinkel

(Fischauge) Kreisförmige Verbiegungen

Tele oder Fernbildlinsen

Geringe Tiefenschärfe greift in den Raum, drängt zusammen, betont das Zusammengehörige, verlangsamt Bewegungen parallel zur optischen Achse, gleicht Größenverhältnisse aus; perspektivische Verkürzungen; Macroaufnahmen; Farben werden flacher

Ungünstig: Luftfeuchtigkeit

Dunst und Luftschlieren rufen bei Hitze Unschärfen hervor

Günstig: Nach schwerem Gewitter, bei Schneefall und wenn Wind die Luft klar macht.

Je kleiner die Linsenzahl der Fernbildlinse, desto kälter die Farben. Teleobjektive mit größerer Linsenzahl geben wärmere Farben.

Notizen und Ratschläge

Mit Zwischenringen oder Balgenauszug für Super-Großaufnahmen müssen — bei Lichtmessung außerhalb des Linsensystems — Korrekturen erfolgen. Hierzu müssen Probeaufnahmen gemacht werden, um individuell den Verlängerungsfaktor je Zwischenring oder Auszug festzulegen.

Leselupe oder Vergrößerungsgläser können als Brennweitenverlängerer vor das Objektiv gehalten werden. Wirkung durch Reflexsucher kontrollieren oder, wenn keiner vorhanden, durch Probeaufnahmen.

Objektive beschlagen beim Wechsel warm — kalt bzw. kalt — warm, außen und innen, je höher die Luftfeuchtigkeit ist. Warten!

Das Beschlagen des Suchers kann vermieden werden, indem Sie ihn mit Seife einreiben und dann mit einem Linsenpapier oder Lederlappen leicht säubern, bis er wieder durchsichtig ist.

Anamorphot (Vorsatzlinse für Breitwand-Cinemascope-Effekt) Vor Aufnahmeobjektiv setzen. Zylinderlinse hat Seitenpressungsfaktor, Wiedergabeanamorphot hat Seitendehnungsfaktor und entzerrt das Filmbild.

Stereo-Bildteilerprisma (Vorsatz vor Aufnahmeobjektiv) Wiedergabe über Vorsatz mit polarisiertem Licht. Betrachtung durch Brille erzeugt drei-dimensionales Bild.

Bildaufbau – Bildfolge

Die gebräuchlichsten Bildausschnitte

Die Totale

vollständige Darstellung des Motivs in seiner Gesamtheit. Sie zeigt wo und warum die Dinge passieren.

Die Halbtotale, die Halbnah- und Nahaufnahme

verbinden die Totale mit der Großaufnahme, erklären Aktionen, die in der Großaufnahme außerhalb des Bildausschnittes liegen und zum Verständnis notwendig, in der Totale aber nicht deutlich genug zu sehen sind.

Die Großaufnahme

(extrem groß und Macro)
Kontrast der Totalen. Sie zeigt das Detail — was passiert — und konzentriert das Interesse des Zuschauers. Sie hat die maximale Bildwirkung und Aussagekraft. Sie treibt die Handlung vorwärts. Sie ist technisch die Aufnahme mit der besten Schärfe und Auflösung.

Totale

Halbtotale

Halbnah-Aufnahme

Nah-Aufnahme

Großaufnahme

Extrem-Großaufnahme

Makro-Aufnahmen

Günstige Bildausschnitte bei einer Person

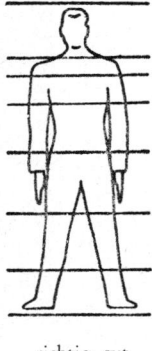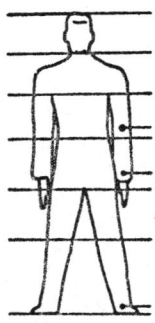

richtig, gut   falsch, schlecht

Die Bildbegrenzung immer **zwischen** Linienschnittpunkte legen, die sich ergeben, nicht über diese.

Wirkungen von Bildausschnitt, Kamera-position, Kamerabewegung

Niedrige Kamera-position: Motiv erscheint stärker, gewaltiger, bedeutender. Personen wirken herausgeschoben und sind von dramatischer Wirkung. .

Sehr tiefe Position: verzerrt, mystisch und unheimlich. Gegenstände und Personen erscheinen sehr weit entfernt und unheimlich.

Normale Position: **(Augenhöhe)**   ohne besondere Wirkung

Niedriger Kamera-Stand-
punkt

Normaler Kamera-Stand-
punkt

Überhöhter Kamera-Stand-
punkt

Überhöhte Position:	Zuschauer fühlt sich überlegen und groß; er steht über den Dingen, hat Abstand.
Sehr hohe Position:	läßt große Formen und Bewegungen gut erkennbar sein; schafft Übersicht
Raumtiefe:	Vordergrund im Bild gibt plastische Raumtiefe
Schärfe	Die Schärfe muß immer auf dem bildwichtigen Teil liegen.

Ratschläge

Klar überschaubare und leicht verständliche Details übermitteln schnell, was das Bild aussagen soll.

Alle Veränderungen müssen motiviert sein und dem Zuschauer erlauben, sich zurechtzufinden.

Wenn Hauptmotiv und Hintergrund zu groß, aber Größenverhältnis in Ordnung, zu weitwinkliger Brennweite wechseln.

Wenn Hauptmotiv und Hintergrund zu klein, aber Größenverhältnis in Ordnung, zu Telebereich wechseln.

Wenn Hintergrund zu weit entfernt erscheint, Vordergrund aber in Ordnung, zu Telebereich wechseln, und Kamera weiter wegnehmen.

Wenn Hintergrund zu nah, Vordergrund aber in Ordnung, zu weitwinkligem Bereich wechseln, und Kamera näher heranbringen.

Wenn Vordergrund zu groß, Hintergrund in Ordnung, zu Telebereich wechseln und Kamera weiter wegnehmen.

Je größer das Hauptmotiv abgebildet ist, desto bedeutender wirken Person und Bildausschnitt.

Je kleiner der Bildausschnitt (Großaufnahme) um so gewaltiger die Wirkung.

Grundsätzlich vermeiden, daß die Person den Bildrand berührt.
Ein Motiv — dunkel und klein — in heller Umgebung erscheint immer erdrückt.
Ein Motiv — hell und klein — in dunkler Umgebung erscheint immer dominierend.

Diagonaler Bildaufbau	löst immer kraftvolle Aktionen, Aufregung und Aufmerksamkeit aus.
Horizontale Linienführung	im Bildaufbau strahlt Ruhe, Inaktivität, Friede und Beständigkeit aus.
Kamerabewegung vorwärts auf ein Motiv zu	Steigerung des Interesses und der Spannung, aber auch desillusionierend durch Detailschilderung.
Kamerabewegung rückwärts vom Motiv weg	Nachlassen des Interesses, entspannende Wirkung, aber auch Steigerung der Neugier auf die Bildränder.
Variationen von Szenenübergängen in einer Bildfolge	a) Bewegung auf die Kamera zu und von der Kamera weg b) Bewegung der Kamera auf das Motiv zu oder von ihm weg c) Schwenken d) Schnitt von Bild zu Bild e) Überblenden, Auf- und Abblende f) Schärfenverlagerung von nah auf fern oder von fern auf nah.

Der Wechsel der Kameraposition von Einstellung zu Einstellung etwa im Rösselsprung um ein Motiv — schafft Raumvorstellung. Aufnahmen aus ungewöhnlicher Perspektive und Großaufnahmen von Details, die man normalerweise übersieht, ergeben immer interessante Filme. Farbiger Bildaufbau und große ruhige Flächen sind die besten Bausteine für klare, wirkungsvolle Bilder. Rot im Vordergrund bewirkt Tiefe, der Rauminhalt wird verstärkt. Gelb lockert den Mittelgrund auf. Achtung bei Personen: Ein großflächiges Gelb im Mittelgrund macht die Gesichter zu fahl. Blau ist eine ausgesprochene Hintergrundfarbe, verstärkt die Fernwirkung.

Warme vor kalten Tönen wirken harmonisch.
Kalte vor warmen Tönen wirken disharmonisch.
Nahverwandte Farben erzeugen Spannung; diese ist um so größer, je näher die Verwandtschaft ist.
Komplementärfarben sind Farben, die sich im Farbkreis gegenüberliegen.

(Abbildung des Farbkreises Seite 24 b)

Lichtgebung

Auflicht erzeugt flache Bilder; Seitenlicht gibt plastische Bilder.

Bei Tageslicht gibt es folgende Regel:

Für Schwarz-weiß-Aufnahmen: Lichtquelle (Sonne) im Winkel von 90° zur optischen Achse.

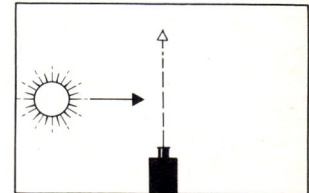

Für Farbaufnahmen: Lichtquelle (Sonne) im Winkel von 45° zur optischen Achse, also schräg von hinten.

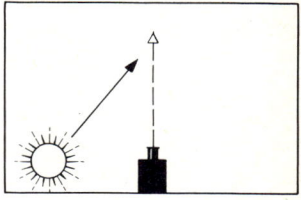

Gegenlichtaufnahmen: Gegenlicht macht plastischere Bilder, sie sind zarter bei diffuser Sonne.

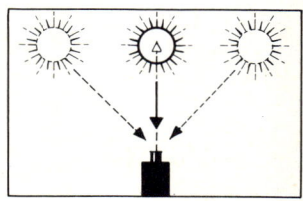

Licht schräg von oben erhöht die Plastik des Bildes, aber es sollte nicht höher als 45° einfallen.

Schneeaufnahmen nur mit Seitenlicht oder Gegenlicht, sonst tote weiße Fläche.
Immer vom flacheren zum plastischeren Licht schwenken:
Auflicht $\longrightarrow$ Seitenlicht   Seitenlicht $\longrightarrow$ Gegenlicht
Achtung: Sonne darf nicht direkt auf Lichtmesser fallen.

Helligkeitskontraste zwischen Licht und Schatten können aufgehellt werden, wenn in den Schattenpartien Zeichnung sein soll: durch helle weiße Flächen, durch Silberreflexion, durch Kunstlichtlampen.

Soften von Licht. Zu starkes Sonnenlicht kann bei Nah- und Großaufnahmen durch Softgaze gemildert werden. Rahmen mit Gaze bespannt oder durchsichtigen Schirm in das Sonnenlicht halten, auf Lichter belichten, aber helle Partien so abmildern, daß der Kontrast nicht größer als 1 bis $1^{1}/_{2}$ Blenden zum Schatten ist.

Farbe des Tageslichts: Weiß ist das Licht nur, wenn die Sonne 45° über dem Horizont steht.
Kälter — also blauer ist es, je höher die Sonne über 45° steht.
Wärmer — also rötlicher ist es, je niedriger die Sonne unter 45° steht. Die Schatten sind morgens vor Sonnenaufgang blauer als abends nach Sonnenuntergang.

Überbelichtung entsättigt Farbe
Unterbelichtung verstärkt die Farbsättigung
Auf helle Farben messen, wenn helle Partien im Bild dominieren.
Auf dunkle Farben messen, wenn dunkle Partien im Bild dominieren.

Kontraste
Farbkontrast: natürlicher Kontrast der Farben. Farbhelligkeitskontrast: Jede Farbe ruft einen Helligkeitseindruck hervor. Diese Eindrücke kontrastieren untereinander. Helligkeits- oder Beleuchtungskontrast: Unterschied zwischen Licht und Schatten.

Mischlicht bei Farbe: Kamera auf Tageslicht oder Kunstlicht einstellen. Tageslicht- oder Kunstlichtfilm benutzen, je nachdem ob Tageslicht über 60% oder Kunstlicht über 60% anteilig im Motiv vorhanden ist.

Faustregel: Hautfarbe muß möglichst richtig wiedergegeben werden.

Kunstlicht

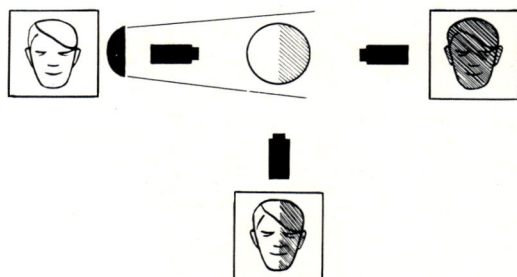

Möglichkeit der Beleuchtung mit 1 Lichtquelle.

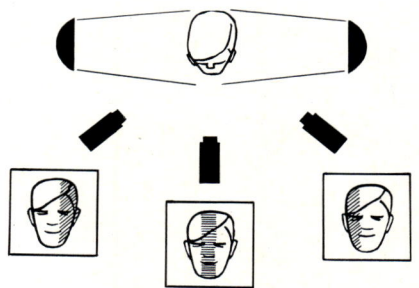

Möglichkeit der Beleuchtung mit 2 Lichtquellen, die sogenannte Lichtzange, sie gibt immer plastische Bilder.

6 Uhr morgens

10.30 Uhr vormittags

15 Uhr nachmittags

18.30 Uhr abends

Die Intensität des Lichtes erhöht die Leuchtkraft
der Farben

Von intensiver Sättigung sind die Farben nach
Regen, aber sie leuchten nicht

morgens

mittags

abends

Schnee-Aufnahme

Farbige Reflexe stören nicht, wenn die reflektierende Fläche im Bild
zu sehen ist

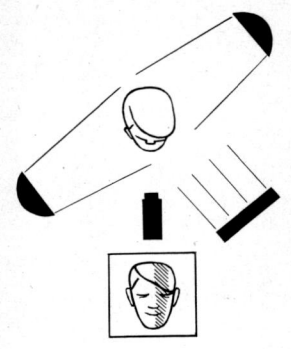

3-Punktlicht; Grundregel jeder plastischen Ausleuchtung, vor allem für Portraits geeignet.

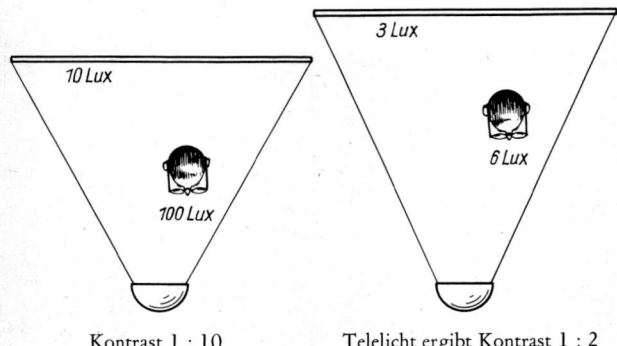

Kontrast 1 : 10   Telelicht ergibt Kontrast 1 : 2

Den Hintergrund ausleuchten, ergibt bessere Bilder, schräg und seitwärts anleuchten.
Der Kontrast zwischen Hauptmotiv und Hintergrund wird zu groß, wenn die Leuchte zu nahe am Hauptmotiv eingesetzt ist.

Gebündeltes Licht (Telelicht) von fern eingesetzt wirkt außerdem durch Raumreflexion.

Reflektiertes indirektes Licht von Wänden oder Reflektoren läßt Schatten besser durchzeichnen; ermöglicht größere Beweglichkeit der Personen, ohne daß sie im Dunkel verschwinden.

Direktes oder indirektes Licht von 4 Seiten schräg gegen Raumdecke gibt immer plastische Bilder mit Licht und Schatten und Beweglichkeit für Personen vor der Kamera.

Tageslichteffekt in Räumen entspricht einem indirekten Licht, das fast schattenlos ist. Wer mit Kunstlichtlampen einen Tageslichteffekt erzeugen will, der Außenatmosphäre vortäuschen soll, muß immer mit einer Hauptlichtquelle arbeiten, die die Sonne simuliert. Schatten können aufgehellt werden.
Soll der Effekt künstlicher Lichtquellen erzeugt werden, muß das Licht von mehreren Seiten kommen.

Nachteffekte erreicht man durch viele Lichtkanten und Punkte. Alle der Kamera zugewandten Partien sollten im Schatten liegen. Licht muß aus spitzem Winkel kommen.

Nachtaufnahmen können auch bei Tage hergestellt werden:

mit Gegenlichtaufnahmen, bei denen das Licht nur als Kante auf Gegenständen und Personen liegen darf, und alle Flächen zur Kamera im dunklen Schatten liegen müssen. Kunstlichtquellen ins Bild setzen, wie Straßenlaternen, erleuchtete Fenster, Autoscheinwerfer usw. Schatten ca. 1 bis $1^1/_2$ Blenden unterbelichten. Kunstlichtquellen so stark wählen, daß sie dann richtig belichtet sind. Personen mit Kunstlicht so anleuchten, wie im Ratschlag für Nachteffekt beschrieben.

Bei Farbfilmaufnahmen Kunstlichtfilm ohne Filter verwenden. Dadurch erscheint das mit Kunstlicht angeleuchtete Motiv farbrichtig, alle anderen Partien erscheinen dunkelblau.

Dia-Projektoren können auch als Spotscheinwerfer eingesetzt werden.

Lampen, die von Batterien gespeist werden, ergeben ein plastischeres Licht, wenn sie 45° zur optischen Achse eingesetzt werden.
Die Belastungsfähigkeit von Sicherungen kann geprüft werden, mit der Formel:

$$\frac{\text{Watt}}{\text{Volt}} = \text{Ampère z. B.} \ \frac{1000 \text{ Wattlampe}}{220 \text{ Volt}} = \text{ca. 5 Ampère}$$

Zur Regelung der Lichtintensität von Kunstlichtquellen können handliche Anschnittsregler (im Fachhandel erhältlich) verwendet werden.

Die Filmerzählung

Jeder gute Film — gleich welcher Art — sollte eine Kette oder eine ständige Folge von Ursache und Wirkung, von Aktion und Reaktion sein. Jede Reaktion soll wieder die Aktion für eine neue Reaktion darstellen.

Beispiel:
Junge küßt Mädchen. Die Reaktion des Mädchens ist als Aktion wieder die Ursache für die nächste Reaktion (Wirkung) des Jungen.

Episoden sind eingefangene Ereignisse aus dem Familienleben, dem Urlaub, dem Alltag, aus Festen usw. Jede Filmerzählung sollte in sich abgeschlossen mit Anfang und Ende gefilmt werden. Durch Nachaufnahmen ergänzt, oder mit verbindenden Szenen aneinandergereiht, können interessante Entwicklungen aufgezeigt werden.

Reiseberichte sind aneinandergereihte Episoden oder vorgeplante Erzählungen.

Urlaubsfilm: Bericht über familiäre Ereignisse oder Erlebnisse während der Ferien, meist Episoden.

Reportage und Dokumentarfilm: Er ist entweder sorgfältig vorgeplant, recherchiert oder dringt ohne Plan in alles Interessante und Wissenswerte ein, er berichtet über Vorder- und Hintergründiges.

Der Mosaikfilm ist aus vielen gesammelten Gelegenheitsaufnahmen zusammengesetzt, die mit Nachaufnahmen zu einer geschlossenen Filmerzählung gestaltet werden müssen.

Im Experimentalfilm sollte man alles, was einem einfällt, erproben.

Bei Filmen nach einem festen Plan müssen Idee und Thema den Anfang bilden. Entscheidend ist, in welcher Umgebung der Film spielen soll. Man kann die Umgebung nach der Idee suchen, oder die Idee entsteht durch die Umgebung oder durch das Ereignis.

Die Bausteine zu einem Film sind:

1. Idee + Thema
Ideen und Einfälle ständig notieren, später ordnen.

2. Aktion + Reaktion
Lachen, Weinen, Hassen, Lieben, Freude, wodurch

3. Herz — Gemüt — Stimmung
Worüber bin ich erregt, entsetzt, neugierig? Beobachten im Leben, bei anderen, an sich selbst; beim Betrachten von Filmen, — dann für den eigenen Film verwenden.

4. Triebfeder — treibende Kraft
Wunsch des Zuschauers, den Ausgang einer in Gang gesetzten Situation wissen zu wollen. Zuschauer muß interessiert werden. Grundinteresse bei den Menschen beobachten, herausfinden, was allgemeines Interesse hervorruft.

5. Selbstidentifizierung
Der Zuschauer muß sich aus eigener Erfahrung mit den Geschehnissen identifizieren können. Fremdes, das er nicht kennt, vermeiden oder ihn darüber staunen lassen.

6. Interesse
Jeder Film sollte so angelegt sein, daß er das Interesse der Zuschauer findet, auch wenn die Handlung (wie bei den meisten Familienfilmen) für sie subjektiv uninteressant ist.

7. Konstruktion
Alltägliches in neuen Zusammenhängen oder Gewohntes aus neuen Blickwinkeln zeigen. Dem Zuschauer noch nie oder selten Gesehenes interessant vermitteln (Großaufnahmen — Detailschilderung).

Wichtig ist die Klärung der Idee.

Bei jeder Aufnahme sollte man fragen, ob sie für den Film wichtig und filmisch, oder zwar filmisch, aber nicht so wichtig oder unfilmisch und unwichtig ist.

> Die Norm für Szenenlängen ist:
> Totale ca. 6—8 Sek.
> Nah   ca. 4—6 Sek.
> Groß   ca. 3—4 Sek.

Szenenverbindungen

Natürliche Blenden, wie z. B. vorbeiwischende Automobile, nah an der Kamera vorbeigehende Personen, und Schwenks auf neutrale Groß- oder Naheinstellungen — das sind natürliche Szenenverbindungen!

Auf- und Abblende = Interpunktion oder Zeitübergänge.
Kontrastschnitt oder -Übergang = Trennung verschiedener Aussagen.

Überblendung = Zusammengehörigkeit wie in der Sprache bei Haupt- und Nebensatz.

Im Kommentartext sollte man nur das sagen, was nicht im Film zu sehen ist. Er soll das Bild ergänzen, erläutern und verständlich machen, was das Bild allein nicht aussagt.

Dramaturgischer Erzählungsablauf

Der dramaturgische Ablauf eines Filmes sollte wie die nachstehende Kurve ablaufen.

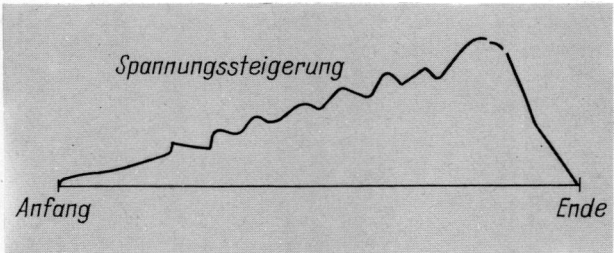

Nach einem „zischenden" Auftakt muß die Handlung so angelegt sein, daß sie höher und höher bis zu einem starken „Knall-
Effekt" die Spannung treibt. Nach diesem Gipfel sollte ein
kurzes Finale erfolgen.

Ratschläge:

Klare, deutliche Motivschilderung — Details — ungewöhnliche
Darstellung — Perspektive — packen und fesseln.
Großaufnahmen der Dinge rufen Interesse des Zuschauers
hervor.
Bei Filmen mit Darstellern beachte:
Laien können n u r sich selbst spielen. Deshalb wird empfohlen,
Typen nach der vorgegebenen Handlung zu suchen und aus
ihrer natürlichen Aktion die für den Film notwendige Reaktion
herauszufilmen, nachdem man den Laiendarsteller in die ent-
sprechende Situation gebracht hat.
Produktionsplan-Muster

Produktionsplan-Muster

Titel:																	Juni 19........		
Vorgang	1	2	3	4	5	6	7	8	9	10	11	12	13	14	15	16	17	18	19	20
Drehbuch	■	■																		
Motivsuche			■	■		■	■	■	■											
Vorbereitung						■	■													
Drehen					■	■	■	■	■	■										
Entwickeln									■	■	■	■			■	■				
Schnitt												■	■	■	■	■				
Ton																■	■	■		
1.Vorführung																				■

Nr.	Motiv	Handlung	Kamera	Ton	Szenen-länge	Notizen
1	Eisenbahn	Titel über vorbei-fahrendem Zug	tief am Bahndamm schwenkt mit links-rechts	Pfiff Lok vorbei-fahrender Zug	20.sec	Morgen-stimmung Sonne-Nebel Titelschrift auf Glasplatte
2	Schienen	Blick aus Zug auf Schienen-Fahrt	vorn in Lokomotive Blick nach unten	Zug-geräusch in Fahrt	15sec	Bahn-übergang muß passiert werden

Filmschnitt

Sinn des Schnitts

Ordnen von gefilmten Szenen, so daß ein Ablauf entsteht, der eine sich ständig bis zum Ende fortsetzende Kette von Ursache und Wirkung sein sollte.

Diese fortlaufende Bewegung bildet den Hauptanziehungspunkt des Interesses beim Zuschauer.

Szenenlänge

Der in der Szene dargestellt Vorgang bestimmt die Szenenlänge, er muß klar verständlich sein. Normen wie in Kapitel „Filmerzählung"

> Totale 6—8 Sek.
> Nah   4—6 Sek.
> Groß   3—4 Sek.

Eine Totale kann länger ertragen werden, wenn sich in ihr ein Motiv fortbewegt. Beispiel: Auto fährt über eine Brücke.

Schnittmoment

Bester Schnitt, in einer Aktion oder Reaktion (drehender Kopf, erstauntes Aufsehen, Aufstehen, Hinsetzen).

Wirkung von Schnitten

Belebende Wirkung: Kontrastierende Szenen aneinandersetzen, Wechsel zwischen total — nah — groß.

Bildsprung: Er entsteht, wenn sich Szenen aus dem gleichen Winkel und gleicher Bildgröße aneinanderreihen. Szenen gleichen Inhalts nicht ohne besonderen Grund (Effekt) zweimal verwenden.

Zwischenschnitt: Lange ·Handlungsabläufe können durch dazwischen geschnittende Nah- und Großaufnahmen gerafft werden.

Schnitt zwischen bewegten Motiven

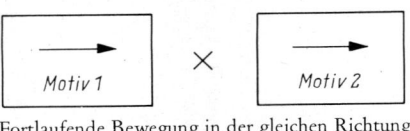

Fortlaufende Bewegung in der gleichen Richtung

Motive bewegen sich voneinander fort

Motive bewegen sich aufeinander zu

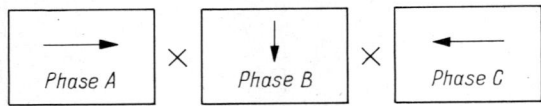

Motiv ändert die Bewegungsrichtung

Schwenk zwischen bewegten und statischen Motiven

Von statischen Szenen zu bewegten Motiven

Vorantreiben des Zuschauerinteresses, akzentuiert durch das plötzliche Erscheinen und die Heftigkeit des bewegten Motives.

Von bewegten Motiven zu statischen Szenen

verursacht einen Interessenzusammenbruch; daher nur verwenden, wenn dramaturgisch erforderlich, z. B. Schwenk von einem Suchenden (bewegt) im leeren Raum — Schnitt — versteckte Person steht still (statisch) und beobachtet jede Bewegung des Suchenden (Steigerung der Spannung).

Mustervorführung

Filmmaterial nach Erhalt aus der Entwicklung einen Tag staubfrei und trocken liegen lassen, um Beschädigungen zu vermeiden, falls es zu frisch ist. Erstes Ansehen nur **allein**. Vor der Vorführung vor anderen Personen Szenen gut ordnen und alle mißglückten Einstellungen herausschneiden.

Szenenordner

Leuchtkasten mit Klammern
Leiste mit kopflosen Stiften
Kleiderbügel mit Schnur und Klammern
Wäschetrocknergestell usw.
Jede Einstellung mit Nummer versehen. Verzeichnis machen und ordnen, am besten mit verschiebbaren Zetteln.

Filmschonung

Zur Filmschonung weiße gewirkte Handschuhe bei der Bearbeitung tragen. Ohne Handschuhe den Film nur an den Kanten anfassen.

Naßkleben

Mit Filmkitt und Klebepresse
sauber schaben, Späne entfernen
mäßig Kitt auftragen, darf nicht überquellen
keinen alten Kitt verwenden
Kitt nicht offen stehen lassen

Trocken- oder Stumpfkleben

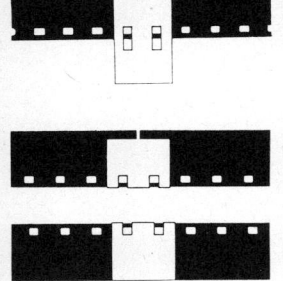

Mit selbstklebender Spezial-
folie. Die Filmenden werden
stumpf aneinandergelegt und
von beiden Seiten mitein-
ander verbunden.
Single-8-Film kann nur
stumpf geklebt werden.

Aufklebbare Blenden

Farbige und Schwarz-weiß-Effektblenden werden für Szenen-
übergänge in vielen Variationen angeboten. Sie werden über
die Schnittstelle nach beiden Seiten in gleicher Länge geklebt.

Nachträgliche Auf- und Abblende

Eine Auf- oder Abblende kann nachträglich auf den fertigen
Film mit Eiweißlazurfarben aufgetragen werden.
Eiweißlazurfarben gibt es in 26 Farbtönen.

66

Sie können mit destilliertem Wasser verdünnt werden.

Wenn der Film in die verdünnte Farbe getaucht wird — ca. 1—2 Sek. — bildet sich eine dünne, durchsichtige Farbschicht über dem Bild. Die Dichte entspricht der Verdünnung.

Bei jedem Eintauchen verdichtet sich die Schicht.

Auf Blankfilm kann eine Probe gemacht werden und die gewünschte Verdünnung bestimmt werden.

Eine Abblende über 36 Bilder (2 Sek.) wird wie folgt aufgetragen:

Die Filmszene vom Ende her mit 36 Bildern ca. 5—10 Min. wässern und durch einen nicht fusselnden Lappen ziehen, bis kein Tropfen Wasser mehr an dem Film ist, dann:

1. 2 Sekunden bis Bild 36 in die verdünnte Farbe tauchen und sofort wieder herausziehen,
2. 2 Sekunden bis Bild 34 in die verdünnte Farbe tauchen und sofort wieder herausziehen,
3. 2 Sekunden bis Bild 32 in die verdünnte Farbe tauchen und sofort wieder herausziehen.

Diesen Vorgang in gleicher Weise fortsetzen bis zu den letzten beiden Bildern. Diese müssen dann vollständig undurchsichtig sein.

Für eine Aufblende verfährt man in umgekehrter Weise — also vom Anfang der Filmszene bis Bild 36.

Grüne und rote Anfangs — oder Endallongen lassen sich ebenfalls mit Eiweißlazurfarben einfärben.

Ganze Szenen können auch gleichmäßig eingefärbt werden (z. B. dunkelblau für Nachteffekt) — d. h. man wählt eine entsprechende Verdünnung und taucht die gewünschte Szene in ganzer Länge einmal ein.

Nachdrehen nach Rohschnitt

Fehlende Szenen lassen sich als Großaufnahme oder Landschaftstotale leicht nachdrehen (z. B. Koffer packen, Blumen gehen auf, Tiere sehen sich um, Wolkenstimmung, Regentropfen, tickende Uhr, Schlüssel einstecken usw.

Zeitmaß

Am Projektor oder einem motorisch betriebenen Betrachtungs-
gerät mit Stoppuhr messen, Markierungen auf den Film schrei-
ben. Für Betrachter mit Handumroller dient die folgende Tabelle:

| | Filmlänge | Bildzahl | | |
		8 mm	Super-8	16 mm
Je nach Vorführ-	10 cm	26	23	13
geschwindigkeit	20 cm	52	46	26
läßt sich die Zeit	30 cm	78	69	39
für die Filmlänge	50 cm	131	116	65
ermitteln.	100 cm	262	232	131

Trick · Effekt · Titel

Zeitlupe

Höhere Bildzahl bei der Aufnahme, niedrigere Bildzahl bei der
Vorführung
Effekt: Zeitdehnung

Zeitraffer

Niedrigere Bildzahl bei der Aufnahme, höhere Bildzahl bei der
Vorführung
Effekt: Zeitraffung

Belichtungsausgleich

Die Verdoppelung der Bildzahl entspricht der Öffnungskorrektur um eine Blende. Bei automatischen Lichtmessern muß die
Einstellungsveränderung 3° DIN betragen, bei Benutzung von
Zoom-Objektiven muß die Gummilinsenfahrtzeit verkürzt oder
verlängert werden.

Zeitraffung — Zeitlupe

Bilder in 1 Sek.

8	$^1/_{16}$ Sek.
12	$^1/_{24}$ Sek.
16	$^1/_{32}$ Sek.
18	$^1/_{36}$ Sek.
24	$^1/_{48}$ Sek.
32	$^1/_{64}$ Sek.
48	$^1/_{96}$ Sek.
64	$^1/_{128}$ Sek.
80	$^1/_{160}$ Sek.

Geschwindigkeitsrelation

Wenn Sie bei einem sich bewegenden Objekt (fahrendes Auto, fahrender Zug oder ähnliches) eine höhere als die tatsächliche Geschwindigkeit vortäuschen wollen, dann soll Ihnen die folgende Tabelle Richtlinien dafür geben, mit welcher tatsächlichen Geschwindigkeit sich das Objekt bewegen muß und mit welcher Aufnahmegeschwindigkeit Sie die vorzutäuschende Geschwindigkeit erzielen.

Aufnahmegeschwindigkeit (Bilder/Sek.)							
18	24	18	12	10	8	6	2
reale Geschwindigkeit km/Std.	optisch erzielte Geschwindigkeit (km/Std.)						
15	10	15	20	25	30	40	120
30	20	30	40	50	60	80	240
45	30	45	60	75	90	120	360
60	40	60	80	100	120	150	480
75	50	75	100	125	150	200	600
90	60	90	120	150	180	240	720
105	70	105	140	175	210	280	840
120	80	120	160	200	240	320	960
140	90	140	180	230	270	360	1080
—	100	150	200	250	300	400	1200
—	110	160	220	270	330	440	1320
—	120	180	240	300	360	480	1440

Phasentrick mit Einzelbildschaltung

Je nach Projektionsgeschwindigkeit benötigt man eine bestimmte Anzahl von Einzelbildern für eine bestimmte Vorführdauer.

Tabelle:

Vorführzeit	Vorführgeschwindigkeit		
	16 B/Sek.	18 B/Sek.	24 B/Sek.
	Einzelbilder		
1 Sek.	16	18	24
2 Sek.	32	36	48
10 Sek.	160	180	240
30 Sek.	480	540	720
1 Min.	960	1040	1440
10 Min.	9600	10800	14400
30 Min.	28800	32400	43200
60 Min.	75600	64800	86400

Mindest-Einzelphasen für einen Bewegungsablauf von 1 Sek.

16 B/Sek. = 4 Einzelbilder
18 B/Sek. = 6 Einzelbilder
24 B/Sek. = 8 Einzelbilder

Je mehr Einzelphasen für 1 Sek. Bewegungsablauf angelegt werden, desto ruckfreier und fließender erscheint die Bewegung im Film.

Zeitraffung mit Einzelbildschaltung

Tabelle: Aufnahmedauer und Bildzahl

Gesamtdauer der Aufnahme	1 Bild/Min. = Einzelbilder	2 Bilder/Min. = Einzelbilder	4 Bilder/Min. = Einzelbilder
1 Std.	60	120	240
2 Std.	120	240	480
3 Std.	180	360	720
4 Std.	240	480	960
5 Std.	300	600	1200
10 Std.	600	1200	2400
12 Std.	720	1440	2880
15 Std.	900	1800	3600
24 Std.	1440	2880	5760
30 Std.	1800	3600	7200
48 Std.	2880	5760	11520
60 Std.	3600	7200	14400

Zeitabstand der Einzelaufnahmen für Zeitraffung errechnet man:

$$\frac{\text{Realzeit des Vorganges in Sekunden}}{\text{Vorführgeschw. (Bildzahl/Sek.)} \times \text{Wunschzeit des Vorganges}} = \text{Zeit-Sek.-abstand}$$

z. B. Realzeit des Vorgangs = 10 Min. = 600 Sek.
Wunschzeit des Vorgangs = 1 Min. = 60 Sek.
Vorführgeschwindigkeit = 18 Bilder/Sek.

$$\frac{600}{18 \times 60} = \frac{600}{1080} = \text{ca. jede } 1/2 \text{ Sek. ein Bild}$$

Realzeit = 50 Min. = 3000 Sek.
Wunschzeit des Vorgangs = 1/2 Min. = 30 Sek.
Vorführgeschwindigkeit = 18 Bilder/Sek.

$$\frac{3000}{30 \times 18} = \frac{3000}{540} = 5,9, \text{ also alle 6 Sek. ein Bild}$$

Tips für weitere Tricks

Taschenlampe leuchtet dunklen Raum ab

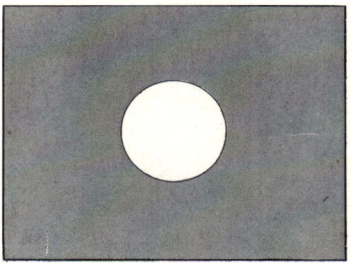

Graufilter im Kompendium in einer Dichte, die der gewünschten Dunkelheit des Raumes entspricht; Loch hineinschneiden und mit Kamera Raum abschwenken.

Blick durchs Schlüsselloch

Maske im Kompendium

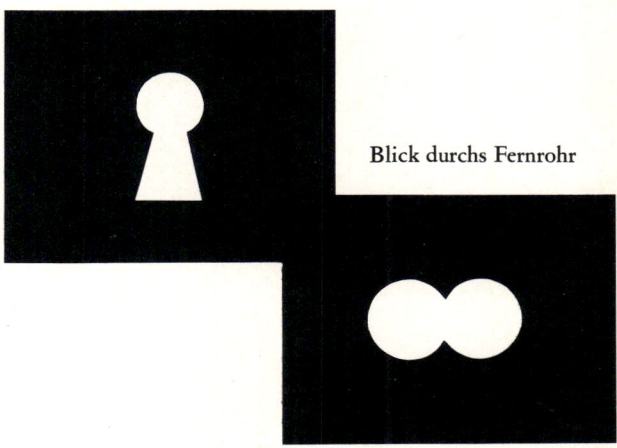

Blick durchs Fernrohr

Maske im Kompendium

Doppelgängeraufnahmen

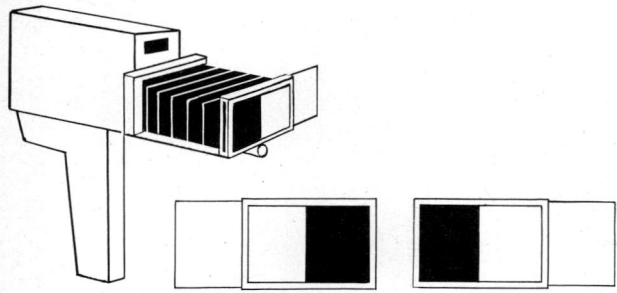

Maske im Kompendium
Trennung der beiden Bilder möglichst in einer Linie des Motives.
Film muß zurückgespult werden.

Vorgetäuschte Luftaufnahmen

Langsamer Schwenk oder Fahrt über ein gutes · Luftbild —
nah an dem Objektiv vorbei. Rauch blasen, Wattebäusche oder
Gazestücke ziehen; dadurch entsteht Wolkeneffekt.

Flugzeug im Flug

Flugzeugmodell vor Himmel an Fäden aufhängen; bei der Aufnahme leicht um die Längsachse drehen, dies ergibt eine Vortäuschung von Kurvenflug. Watte nah am Objektiv vorbeiziehen, Vortäuschung Wolken und Fluggeschwindigkeit. Achtung: Bei blauem Himmel auch blauen Flugzeugfaden, bei wolkigem Himmel weißen Faden verwenden. Modelle fast rechts und links an die Bildkante stoßen lassen.

Regen und Schnee sichtbar machen

Vor dunklem Hintergrund aufnehmen. Regentropfen in Wasserpfütze groß aufnehmen.

Innenaufnahme ohne Licht

Kirchen, Schlösser und Museen haben meist zu wenig Licht für eine Filmaufnahme. Fotos oder Dias machen, diese mit leichten Schwenks abfilmen oder auch Prospekte, Bildwerke, Postkarten verwenden und in die eigenen Filmaufnahmen einschneiden.

Stoptrick

Kamera anhalten, Person oder Gegenstand aus dem Bild nehmen oder hineinstellen. Achtung: Kamera darf sich nicht bewegen. Auch für Schriften geeignet, die als Ganzes ins Bild springen sollen. Sonst Einzelbildaufnahmen: Buchstabe für Buchstabe legen.

Reproduktionen

Durch direktes Abfilmen von Dias im Macro-Verfahren. Zweite Möglichkeit: an eine Bildwand projizieren und von dieser abfilmen. Bei lichtschwachen Projektoren oder sehr dunklen Dias Einzelbildschaltung mit längerer Belichtungszeit wählen. Filmeinzelbilder können über Stillstandsprojektion von der Bildwand abgefilmt werden. Beispiel: Ein bestimmtes Bild einer Szene über Stillstandsprojektion abfilmen und in den Film einschneiden. Ist das abgefilmte Bild Endbild einer Szene, so erstarrt es plötzlich zum Foto bei der späteren Vorführung; ist das abgefilmte Bild Anfangsbild einer Szene, so wird das starre Foto bei der späteren Vorführung lebendig.

Rückprojektion

a) Personen vor einer Projektionswand aufnehmen, auf die ein Dia von rückwärts projiziert wird. (Dia seitenverkehrt in Projektor legen.)

b) Personen vor einer Projektionswand aufnehmen, auf die von rückwärts ein Film projiziert wird. Dieser muß über Spiegel vorgeführt werden, da sonst Schriften seitenverkehrt sind.

c) Von rückwärts auf die Mattscheibe eines imitierten Fernsehempfängers über Spiegel projizieren.

Hintergrundaufnahmen für die Rückprojektion müssen in Perspektive und Aufnahmewinkel der späteren Verwendung angepaßt werden.

Teleaufnahmen aus fahrendem Zug oder Auto verzittern nicht, wenn man mit 64 Bildern/Sek. aufnimmt. Aufnahmezeit von 1—4 Sek. reicht meistens aus.

Rückwärtseffekt: Kamera auf den Kopf stellen, filmen, später den Film umgedreht einkleben: Alles bewegt sich rückwärts. Achtung: Film muß gewendet werden, dadurch ist alles seitenverkehrt. Korrektur kann über Spiegel erfolgen, Schärfe muß nachgestellt werden.

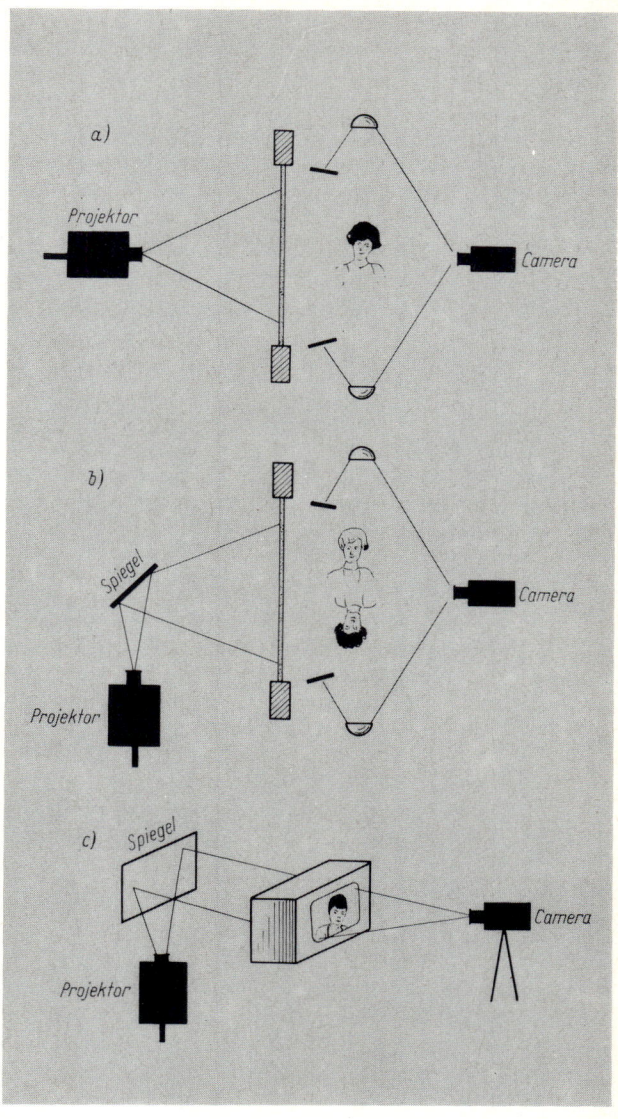

a)

Projektor

Camera

b)

Spiegel

Projektor

Camera

c)

Spiegel

Projektor

Camera

Nachträglicher Rückwärtseffekt: Abfilmen von Einzelbildern in Stillstandsprojektion, die Bild für Bild zurückgedreht werden müssen.

Zeitumkehrung: durch Rückwärtseffekt. Soll das Schlußbild exakt im Bildausschnitt sitzen oder präzis in der Form sein, muß bei der Aufnahme vom fertigen Produkt ausgegangen werden. Z. B.

> aus formloser Masse bildet sich Figur
> sich selbst schreibende Handschrift
> sich selbst strickender Pullover (fertigen Pullover aufribbeln)
> zerdrücktes Ei wird in der Hand wieder ganz
> Schale windet sich um Apfelsine
> Zahnpasta kriecht in die Tube zurück
> Brennende Kerze wächst
> ungeordnete Buchstaben formen sich zur Schrift

Erfolgt der Vorgang bei der Aufnahme vom unfertigen zum fertigen Produkt, ergeben sich z. B. folgende Effekte:

> ein Gemälde verliert sein Gesicht
> ein Fleck verschwindet zusehends
> eine Schnecke kriecht rückwärts

Besondere Filmmotive

Nachtaufnahmen

Reichen die Lichtverhältnisse für normale Aufnahmen nicht aus, können Nachtaufnahmen über Fotos oder Dias, die mit Zeitbelichtung aufgenommen wurden, später abgefilmt und in den Film eingeschnitten werden. Totalen sind günstig, da man die fehlende Bewegung des Fotos nicht sieht.

Sonnenuntergang

Die Sonne muß mit bloßem Auge erträglich anzusehen sein. Bei Schwarz-weiß-Film bringt ein Grün-Filter das beste Ergebnis. Der Effekt kann bei Farbfilm durch Unterbelichtung (ca. 1—2 Blenden oder 3—6 DIN Empfindlichkeitsveränderung an der Lichtmeßeinrichtung) und durch Vorsetzen eines Orange- oder Rotfilters verstärkt werden.

Nebel

Nebel kann künstlich erzeugt werden durch Rauch vor der Kamera (auch Rauch im Glaskasten oder vor dem Objektiv), durch Gaze vor dem Objektiv und durch Trockeneis.

Blitz und Gewitter

Blitze mit einem Fotoapparat und Zeitbelichtung aufnehmen, am Tag neutral gegen den Himmel, bei Nacht mit Landschaft. Je 2 Bilder etwa 2—4 mal in kurzen Abständen in den Film einschneiden, nachdem man sie abgefilmt hat.

Feuerwerk

Feuerwerk wirkt intensiver, wenn man Mehrfachbelichtungen vornimmt. Die Kamera muß hierzu eine Rückrollvorrichtung haben.

Langsames Verschwinden von Personen und Gegenständen

Szene mit Abblende filmen — stoppen — Person oder Gegenstand aus dem Bild nehmen. — Rückrollen bis zu Beginn der Abblende. — Szene mit Aufblende fortsetzen. Die Kamera darf sich während des Vorganges nicht bewegen, sonst entsteht ein plötzlicher Ruck im Bildablauf.

Perspektive — hoch oder niedrig

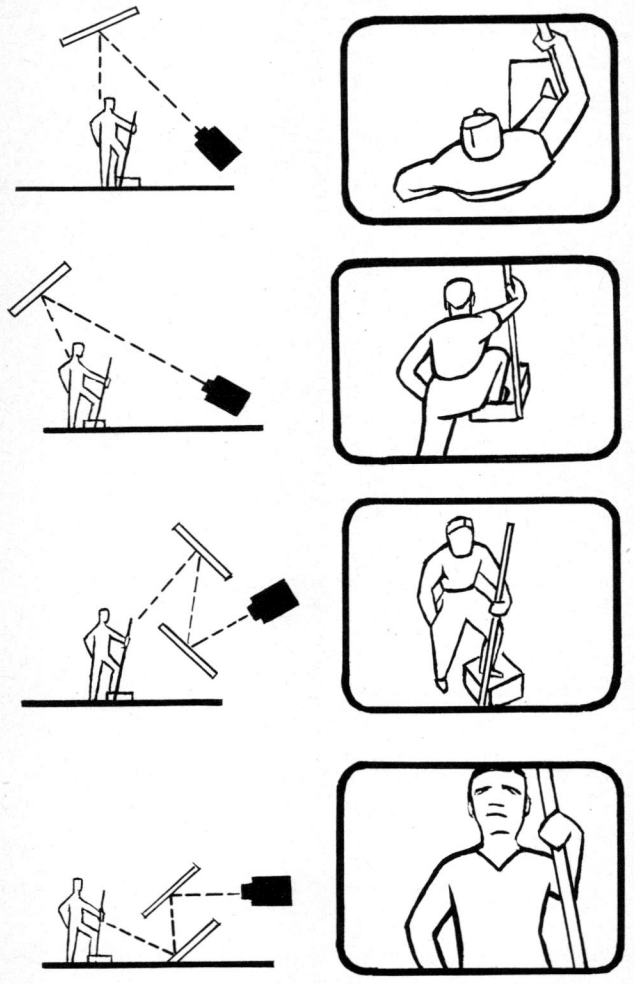

Über verschiedene Spiegelpositionen können Kamerastandpunkte simuliert werden.

Breitwandverfahren

Oben und unten werden bei der Aufnahme Bildteile außer acht gelassen und später bei der Projektion abgedeckt.

Anamorphot

siehe Objektive Seite 39

Szenenübergänge

Abblenden — Aufblenden

Langsames Schließen und Öffnen der optischen Blende. Zwei Polarisationsfilter (im Reflexsucher sichtbar) gegeneinander verdrehen; Öffnen und Schließen der Sektorenblende; Ab- und Aufblenden mittels vorgesetzter Irisblende; Möglichkeiten nach der Aufnahme: Dias — Epidiaskopbilder — Fotos — Bildseiten — Stillstandsprojektionsbilder — durch Einzelbildschaltung und Lichtsteuerung über Regler — Auf-, Ab und Überblenden. Überblendungen sind nur möglich, wenn die Kamera eine Rückrollvorrichtung besitzt. (Bildbeispiele nächste Seite)

Natürliche Blenden
Mantel wischt im nahen Vorbeigehen über das Objektiv
Auto fährt nahe an Kamera vorbei
Person bewegt sich auf Kamera bis zur Abdeckung des Objektives (Abblende)
Person bewegt sich vom abgedeckten Objektiv ins Bild (Aufblende). Der gleiche Vorgang kann mit bewegter Kamera ausgeführt werden.

Künstliche Blenden
Schiebeblende   Abdeckungspappe oder ähnliches vor Objektiv am Kompendium vorbeischieben.

Fettblende	Glasscheibe mit Fett eintupfen und vor Objektiv schieben.
Riffelglas	ebenso
Reißschwenk	Kamera am Ende der Szene mit laufendem Motor zur Seite reißen; daran kann jede neue Einstellung gesetzt werden.
Rauchblende	Rauch vor die Kamera blasen
Unschärfenblende	am Ende einer Szene unscharf ziehen, am Anfang der neuen Szene scharf ziehen.
Unterwasser	Vorgetäuschte Unterwasseraufnahmen Trichter-Guckkasten wie die Fischer ihn benutzen; kann auch selbst gebaut werden. Senkkasten mit Seitenfenster; Auslösung durch lange Drahtauslöser; Lichtautomatik oder Lichtmessung durch das Fenster des Kastens.

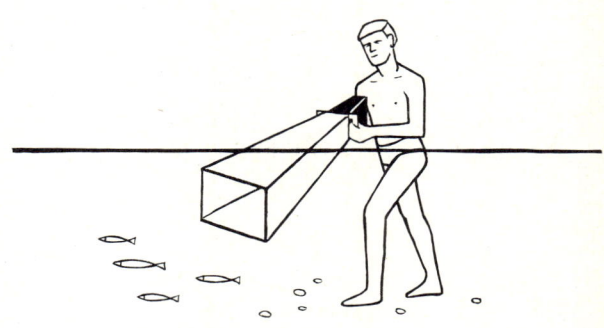

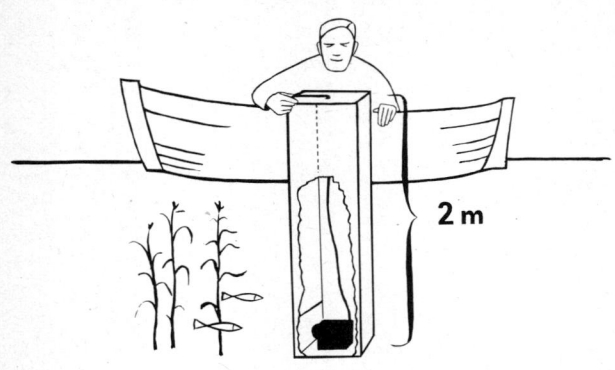

2 m

Unterwassergehäuse — im Eigenbau aus
Plexiglas oder Industrieanfertigung.
Kamera vor Einbau in Unterwassergehäuse
kühl lagern, sonst Kondenswasser.

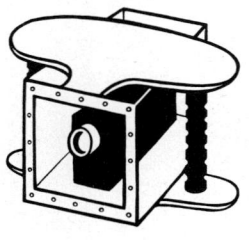

Siliziumkörner in Gehäuse binden die
Feuchtigkeit.

Achtung: Wasser ist ¹/₃ dicker als Luft!

Durch Lichtbrechung rücken alle Motive um $^1/_3$ näher. Bei tatsächlicher Entfernung von 1,33 m deshalb 1 m einstellen; alles erscheint größer und näher. Am besten Weitwinkelobjektiv verwenden. Auf große Tiefenschärfe achten. Bildgeschwindigkeit bei der Aufnahme höher wählen, um Schwankungen auszugleichen. Günstigster Sonnenstand, größte Helligkeit zwischen 10—14 Uhr; ab 4—5 Uhr keine Rotanteile mehr, nur noch Blaugrün. Mit Unterwasserlampen lassen sich sehr gute Farben bei Nahaufnahmen erzielen.

Belichtung unter Wasser

Anhaltswerte für 15 DIN-Schwarz-weiß-Film oder Farbfilm in klarem Wasser:

Tiefe	Aufnahme-geschwindigkeit	Blende
5 m	16	8
	18	5,6 — 8
	24	5,6
10 m	16	5,6
	18	5,6 — 4
	24	4
20 m	16	4
	18	4 — 2,8
	24	2,8
30 m	16	2,8
	18	2,8 — 2
	24	2
40 m	16	2
	18	2 — 1,8
	24	1,8

Titel

Hier sind Ihren Ideen keine Grenzen gesetzt. Hier nur einige Anregungen:

Schrift auf neutraler oder Hintergrundunterlage

Legebuchstaben, Magnettafeln mit Haftbuchstaben

Glasplatte, entfernt vor dem Hintergrund

Auf Reisen: Glasplatte vor der Kamera

Fertige Titel im Handel

Naturtitel — Wegweiser — Straßenschilder

Trick-Einzelphasen

Sandkastentrick — Reiseroute

Hintergrund vor Dia

Doppelbelichtung — am besten weiße Schrift auf schwarzem Hintergrund, vorher $^1/_2$ Blende unterbelichten

Rolltitel und Klapptitel

Buchstaben unter Wasser

Buchstabenwirbel von fertiger Schrift rückwärts zusammenfallen lassen

und vieles mehr.

Übrigens: Über das Betiteln von Filmen gibt es eigene Bücher. Wir empfehlen Ihnen:

Titelwerkstatt des Schmalfilmers
2., neubearbeitete und erweiterte Auflage, 148 Seiten, 371 Abbildungen, laminierter Halbleinenband, DM 16,80

Titelgrafik leicht gemacht
von Bruno Fietz
78 Zeichnungen für Filmtitel, Diatitel und fürs Fotoalbum, kartoniert mit Schutzumschlag, DM 4,50

Projektion

Vorführarten   Projektion an eine Bildwand
Projektion von hinten auf eine Mattscheibe,
Umwandlung über Video-Abtaster in ein
elektronisches Bild, auf dem Fernseh-
empfänger

Forderungen an Projektoren

Automatische Einfädelung
Bildstrichverstellung
Auffangspule
Höhenverstellung
Pausenlichtschaltung
Geschwindigkeitsregelung
Ultra-Zeitlupeneffekt 5—6 Bilder
Möglichkeit zum einfachen Herausnehmen
bei Unterbrechungen
Stillstandsprojektion
Stroboskopscheibe

Zusätzliche   Tonkoppler
Forderungen an   a) mechanisch b) elektrisch
Tonfilmprojektoren Magnetpistenabtastung einschließlich
Verstärkerteil für Aufnahme und Wieder-
gabe
Tonbandkassette
Mischpult

Projektionswände   Weiße Fläche
Silberwände sind besser geeignet für
Schwarz-weiß- als Farbfilme
Perlleinwand, gibt leuchtendes Bild
Durabla — Perluxa, für Reise, da gut
zusammenlegbar.

| **Bildgröße** | je größer der Abstand, je kürzer die Brennweite, desto größer das Bild; je länger die Brennweite, je kleiner der Abstand, desto kleiner das Bild |

Bildwandbreite =

$$\frac{\text{Breite des Projektorfensters}}{\text{Brennweite}} \times \text{Projektor-Abstand}$$

Projektorabstand =

$$\frac{\text{Brennweite}}{\text{Breite des Projektorfensters}} \times \text{Bildwandbreite}$$

Zoom-Objektive	(15—30 mm) sind empfehlenswert, da sie eine beliebige Veränderung der Bildgröße erlauben, aber: Beim Kauf Schärfe des Zoom-Objektives mit Festobjektiv vergleichen.
Bildstandprobe	Sichtbarmachen des Bildstrichs Wenn Bild gegen den Bildstrich tanzt, Fehler in der Kamera; wenn Bildstrich gegen das Projektionsfenster tanzt, Fehler im Projektor
Reinigung des Bild-Kanals	Nur mit einem Streichholz ohne Kopf, Hölzchen oder Kunststoff; nie mit Metall, Dachshaarpinsel

Projektionsentfernungen und Bildgrößen (in cm)

	Brennweite	2 m	3 m	4 m	5 m	6 m	8 m	10 m	12 m	14 m
Normal-8	12,5 mm	70 x 53	104 x 79	140 x 105	—	—	—	—	—	—
	15 mm	58 x 43	87 x 65	116 x 87	145 x 109	175 x 131	—	—	—	—
	20 mm	44 x 33	66 x 50	88 x 66	110 x 83	132 x 99	176 x 132	—	—	—
	25 mm	35 x 26	52 x 40	70 x 53	87 x 66	104 x 79	140 x 105	—	—	—
	35 mm	25 x 19	37 x 28	50 x 38	62 x 47	75 x 56	100 x 75	125 x 94	150 x 122	—
Super-8	12,5 mm	84 x 62	126 x 94	168 x 126	212 x 158	254 x 190	340 x 254	—	—	—
	15 mm	70 x 52	106 x 79	142 x 106	177 x 132	213 x 159	284 x 212	—	—	—
	17 mm	62 x 46	93 x 69	125 x 93	156 x 116	188 x 140	251 x 187	314 x 243	—	—
	20 mm	52 x 39	79 x 59	106 x 79	133 x 99	160 x 119	213 x 159	267 x 199	—	—
	25 mm	42 x 31	63 x 47	84 x 63	106 x 79	127 x 95	170 x 127	213 x 159	256 x 191	—
	28 mm	—	56 x 42	75 x 56	94 x 70	113 x 84	152 x 113	190 x 142	228 x 170	266 x 199
	35 mm	—	45 x 34	60 x 45	75 x 56	91 x 68	121 x 90	152 x 113	184 x 137	213 x 159
16 mm	25 mm	76 x 58	116 x 86	154 x 114	192 x 143	230 x 172	308 x 228	384 x 286	460 x 344	538 x 400
	35 mm	55 x 41	82 x 61	110 x 82	137 x 102	165 x 123	219 x 163	274 x 204	329 x 245	384 x 286
	50 mm	38 x 29	58 x 43	77 x 57	96 x 71	115 x 86	154 x 114	192 x 143	230 x 172	269 x 200
	70 mm	27 x 20	41 x 31	55 x 41	69 x 51	82 x 61	110 x 82	137 x 102	165 x 123	192 x 143
	100 mm	19 x 15	29 x 21	38 x 28	48 x 35	58 x 43	77 x 57	96 x 71	115 x 86	134 x 100

Kennzeichnung des Films	Der Film wird geschont, wenn Vor- und Nachspann aus Schwarzfilm bestehen. Anfangskennzeichen = grünen Blankfilm Endkennzeichen = Allongen aus rotem Blankfilm
Vorbereitung der Projektion	Projektor warm laufen lassen Projektor vor Beginn scharf stellen Tonlautstärke vor Beginn einpegeln Pausenlicht testen Taschenlampe bereitlegen Ersatzlampe, Ersatzspule und Kasten bereitlegen
Vorführratschläge	Schwarz-weiß-Filme grundsätzlich vor Farbfilmen; 8 mm vor Super-8 oder Single-8 vorführen. Nicht zweimal den gleichen Film hintereinander zeigen.
Filmriß	Wenn der Film hinter dem Bildfenster reißt, weiterlaufen lassen, neue Spule nehmen, einfädeln, oder den Film in mit Samt ausgeschlagenem Karton laufen lassen. Wenn Filmriß vor Bildfenster — Film neu einfädeln, vorlaufen lassen und mit Tesafilm schnell zusammenkleben.

Vorführdauer

Format	Film-länge	Vorführzeit 16 Bilder	18 Bilder	24 Bilder/Sek.
8 mm	1	16''		11''
	15	4'6''		2'45''
	50	13'40''		9'10''
	120	32'48''		22'
Super-8	1		13''	10''
Single-8	15		3'17''	2'27''
	50		10'55''	8'10''
	120		26'12''	19'36''
16 mm	1	8'		5'5''
	30	4'6''		2'45''
	100	13'42''		9'06''
	500	1 Std. 8'30''		45'30''

Eine Vorführung sollte maximal eine Stunde incl. Spulenwechsel nicht überschreiten, sonst ermüden die Zuschauer.

Breitwand
Abkleben des Bildfensters oben und unten im Projektor, weitwinkeliger projizieren oder Vorsetzen einer Anamorphotlinse (siehe Objektive Seite 39)

Vorgetäuschtes Raumbild

Jeder Film kann nach dem Raumillusionsverfahren des belgischen Optikers Matagne mit einem raumplastischen Effekt vorgeführt werden. Das Spezialzubehör besteht aus einem polarisierenden Bildteiler vor dem Projektionsobjektiv des Vorführgerätes. Über eine Polarisationsbrille entsteht im Unterbewußtsein des Gedächtnisses ein Stereoeffekt.

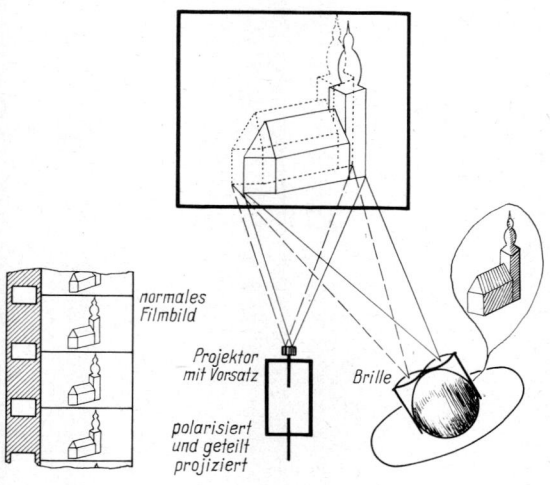

normales
Filmbild

Projektor
mit Vorsatz

Brille

polarisiert
und geteilt
projiziert

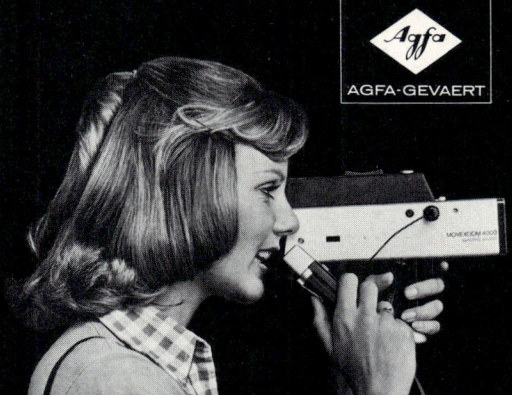

Filmothek

Neue Filme vor Vorführung schutzbeschichten lassen. Vorsicht bei frisch entwickelten Filmen, Schichtträger ist weich, Film kann bei Projektion beschädigt werden. Filme staubfrei halten, in Dosen bei Temperaturen von ca. 10—18° kühl und trocken lagern. Cine-fresh oder Löschblatt mit Kampfer einlegen; das hält den Film elastisch. Kein Wasser nehmen; das führt zu Schimmelbildung. Filmdosen halbjährlich überprüfen.

Zum Reinigen Film durch zwei langflorige Samtkissen ziehen, dabei ist die Verschrammungsgefahr am geringsten.

Verschrammte Filme können regeneriert werden. Perforationsschäden mit Permacell kleben.

Film und den zugehörigen Ton in 2 miteinander verbundenen Dosen archivieren (sogenannte Doppeldosen). Dies erleichtert ein schnelles Auffinden. Titel und technische Angaben außen vermerken.

Filmreste und Tonbänder sind für spätere Filme wichtig (Zwischenschnitte — Geräusche).

Übersichtlich geordnet lagern — Verzeichnis anlegen.

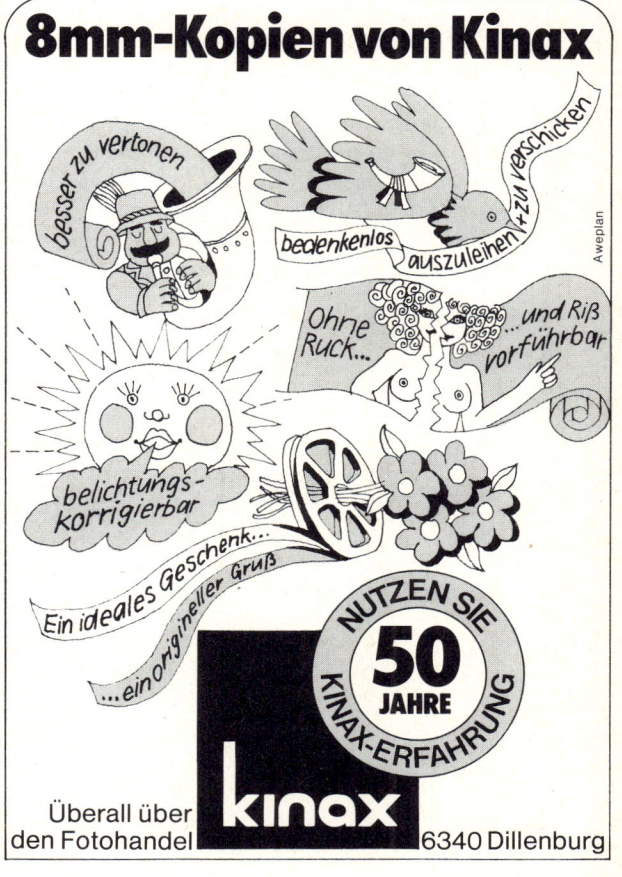

Ein paar Tips zum Schluß

Kurz und klar ist besser als lang und unklar.

Etwas haben alle guten Filme gemeinsam: keine Ver-
wirrung.

Kennen Sie den Unterschied zwischen Foto und Film?
Ein gutes Foto soll eine ganze Geschichte erzählen.
Eine gute Filmszene ist nur Teil einer Geschichte.
Zuerst muß man sich klar darüber werden, was man
erzählen will, dann braucht man nur richtig zu formu-
lieren, und schon hat man immer ein befriedigendes
Ergebnis. So ist es auch bei einem guten Film.
Die Pointe zu einem Film sollte immer am Anfang aller
Überlegungen stehen. Alles muß auf sie ausgerichtet
sein.

Nur ein paar Regeln sind zu beachten, um einen Film
zu machen:

Man braucht „Baumaterial" und „Werkzeug".
Es ist gut zu wissen, welches Material man am besten
nimmt und wie man mit dem „Werkzeug" umgeht.
Filmen ist eine persönlichkeitsstärkende und vielseitige
Freizeitbeschäftigung.

Ausgangspunkt ist das Ergebnis auf der Projektionswand.
Nur dort zeigt sich, ob sich der Aufwand gelohnt hat.

Die Bewegung ist das fortlaufende Grundelement der
Filmerzählung. Sie muß anfangen, ständig fortlaufen
und erst am Ende aufhören.

Auch Klischees haben ihre Bedeutung. Sie lassen den
Zuschauer schnell verstehen, was gemeint ist.

Ein schlechter Film kann durch den Ton nicht gerettet
werden. Ein guter Film kann durch den Ton noch
besser werden.

Bund
Deutscher Film-Amateure

Wir geben Ihnen hier die Anschriften des 1. Vorsitzenden und der Regionalleiter des Bundes Deutscher Film-Amateure (BDFA) bekannt. Wenn Sie Mitglied eines Schmalfilm-Klubs werden wollen, wenden Sie sich doch bitte an den Leiter des für Sie zuständigen Bezirkes des BDFA, der Ihnen die Anschrift eines Filmklubs ganz in Ihrer Nähe geben wird.

1. Vorsitzender: Josef Walterscheidt, 5038 Rodenkirchen/Köln, Siegfriedstr. 6, Telefon 02 21/30 12 73
(Privat: 022 36/6 52 45)

Leiter der Regionen des BDFA:

Region 1 Nord: Peter Aust, 2 Hamburg 71, Fritz-Reuter-Str. 38, Telefon 0411/6 46 12 64 bis 18 Uhr, 0411/6 41 96 07 nach 18 Uhr

Region 2 Niedersachsen: Karl-Heinz Rehfeld, 318 Wolfsburg, Rothenfelder Str. 23, Telefon 05361/3 36 44

Region 3 Westfalen: Dr. Helmut Nordhoff, 46 Dortmund, Bismarckstr. 32, Telefon 0231/57 15 55

Region 4 Rheinland: Heinz W. Dittmann, 4 Düsseldorf-Holthausen, Itterstr. 9, Telefon 0211/79 16 73

Region 5 Mainland: Horst Dieter Bürkle, 6101 Reinheim, Am Mühlberg 16, Telefon 06157/30 81 (Privat: 0 6162/33 23)

Region 6 Saar/Pfalz: Dipl.-Ing. Reiner Bucerius, 75 Karlsruhe-Durlach, Pfinztalstr. 96, Telefon 0721/4 26 21

Region 7 Baden-Württemberg: Heinz Hacker, 7 Stuttgart 1, Dobelklinge 13, Telefon 0711/23 46 22

Region 8 Bayern: Frank Frese, 8021 Icking/Isartal, Fuchsbichl 45, Telefon 0 8178/54 32

Region 9 Berlin: Max Rendez, 1 Berlin 44, Delbrückstr. 3, Telefon 0311/6 21 19 62 oder 0311/7 01 75 92

Stichwörterverzeichnis

Machen Sie mal aus Ihrer Frau eine Katze.

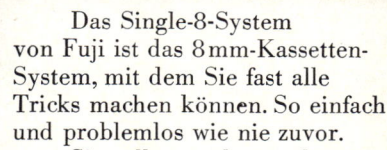

Das Single-8-System von Fuji ist das 8 mm-Kassetten-System, mit dem Sie fast alle Tricks machen können. So einfach und problemlos wie nie zuvor.

Sie sollten es kennenlernen. Im Fotofachgeschäft. Oder aus unseren Prospekten, die wir Ihnen gern zuschicken. Oder gleich in diesem Heft, auf den Seiten 13, 15, 36, 37, 66, 90, 91.

FUJI FILM

Fuji Photo Film (Europe) GmbH
4 Düsseldorf
Berliner Allee 8